远航

长沙职业技术学院
用雷锋精神兴校育人
就业创业典型案例

主 编　喻友军　高　鸿　娄星明
副主编　罗慧玲　黄锦玲　李　鹏
　　　　李吉珊　傅子霞　刘曾礼

中国轻工业出版社

图书在版编目（CIP）数据

远航：长沙职业技术学院用雷锋精神兴校育人就业创业典型案例/喻友军，高鸿，娄星明主编.—北京：中国轻工业出版社，2022.10

ISBN 978-7-5184-4140-2

Ⅰ.①远… Ⅱ.①喻…②高…③娄… Ⅲ.①创业—案例—中国 Ⅳ.① F249.214

中国版本图书馆CIP数据核字（2022）第173027号

责任编辑：张文佳　　责任终审：劳国强
整体设计：锋尚设计　　责任校对：宋绿叶　　责任监印：张　可

出版发行：中国轻工业出版社（北京东长安街6号，邮编：100740）

印　　刷：三河市万龙印装有限公司

经　　销：各地新华书店

版　　次：2022年10月第1版第1次印刷

开　　本：710×1000　1/16　印张：11.25

字　　数：300千字

书　　号：ISBN 978-7-5184-4140-2　定价：39.80元

邮购电话：010-65241695

发行电话：010-85119835　传真：85113293

网　　址：http://www.chlip.com.cn

Email：club@chlip.com.cn

如发现图书残缺请与我社邮购联系调换

190655J2X101ZBW

编写委员会

主　任　　喻友军　祝　磊
副主任　　高　鸿　罗慧玲
秘书长　　娄星明
委　员　　黄锦玲　李　鹏　李吉珊
　　　　　　傅子霞　张　良　张　霞
　　　　　　唐如前　阳文辉　唐　艳
　　　　　　李寒佳　刘曾礼　邹　丹
　　　　　　姜　冲　罗　浪　夏宏艳
　　　　　　张金花

序

习近平总书记指出："职业教育前途广阔，大有可为。"半个多世纪以来，长沙职业技术学院坚持以雷锋精神兴校育人，在职教界率先提出培养"雷锋式职业人"的教育理念，将雷锋精神融入人才培养全过程，培养了一大批像雷锋一样信念坚定、爱岗敬业、敢于创新、勇于创业、乐于奉献的高素质技术技能人才。书中展示的这些案例，是优秀的雷锋式职业人的典型，他们做出的成绩充分说明我们的职业教育是成功的，我们倾注心力培养的学生在毕业后能迅速适应社会，与时代同行，扎根基层，建功立业。他们把专注刻进自己的生命里，时刻保持积极进取的心态和精益求精的匠心，将个人的远大抱负投身到祖国发展的宏大伟业中，做出了骄人的成绩，令人佩服！

我一直认为适合的教育才是最好的教育，长沙职业技术学院秉持"让每个学生都有人生出彩的机会"的教育理念，用心营造人人皆可成才、人人尽展其才的良好环境，以雷锋精神引领青年成长成才，为学生提供适合的教育，努力为职业教育的发展添砖加瓦、增光添彩。

值此建校120周年之际，我深深地感受到，长沙职业技术学院在市委、市政府的高度重视和几代长职人的共同努力下，坚持立足长沙、服务湖南、辐射全国的发展定位，以立德树人为根本，坚持服务高质量发展、促进高质量就业的办学方向，深化产教融合、校企合作，培养"干一行、爱一行、专一行、精一行"的雷锋式职业人，为长沙经济社会发展输送了一批又一批高素质技术技能型人才，走出了一条高质量发展之路。

由此，我有一点很深的感悟，那就是成长的道路有多条。在这个新时代，只要有梦想，职教学子同样有机会让自己的人生出彩。技能是强国之基、立业之本。我坚信：职教强，则技能强。我要为奋斗的职教人因理想坚定而破浪前行点赞！为奋斗的职教人因情怀深厚而充满力量点赞！为奋斗的职教人因勇于担当而大有作为点赞！为奋斗的职教人因本领过硬而梦想成真点赞！

书中的他们，心怀感恩，一直在做勇敢的追梦者。我希望大家看完这本书也能明白，在人生的任何阶段，都要常怀感恩之心、厚植家国情怀，在学习、工作、生活中，与人为善，对帮助过自己的人心存感激，珍惜所拥有的一切，热爱生命，做一个"赠人玫瑰"、散发光芒的人。同时，坚定理想信念，志存高远，把自己的理想同祖国的前途和民族的命运紧密地联系在一起，勇于肩负时代使命，积极投身于强国伟业，用所学的专业技能到更大的人生舞台上书写美好乐章，回报社会。

书中的他们，孜孜不倦，一直在做终身的学习者。身处快速发展的大数据时代，知识更新不断加快，社会分工日益细化，新理念、新技术、新模式、新业态层出不穷。只有勤于学习、善于学习，保持终身学习的习惯，保持思想观念、思维能力紧跟时代发展，才能更好地有所创造、有所作为，才能在发展中不断进步、超越自我。无论是走向工作岗位的，还是选择继续深造的，或是已经功成名就的，都要坚持学习新知识，不断磨砺自己，不断丰富自己，弘扬精益求精的"工匠精神"，始终把人生设置在学习状态，做学习型的人才，保持满格正能量，追逐诗和远方。

书中的他们，勇往直前，一直在做勤勉的奋斗者。百舸争流，奋楫者先；千帆竞发，勇进者胜。作为过来人，我知道在实现个人抱负的征程上，挫折阻碍总不可避免。特别希望这本书能够启发读者，让大家在人生的道路上多一些平坦，少一些坎坷，多一些自信、从容，少一些抱怨、焦虑，对职业保持敬畏之心，办好每件事、站好每班岗，跨越"内卷"、不屑"躺平"，努力实现梦想，在奋斗中收获满满的幸福。

十年树木，百年树人。职教的成长发展过程中，一路都有党和国家的关心重视，职教梦、青春梦、奋斗梦要与中国梦同频共振才有意义。"雷锋精神是永恒的"，用雷锋精神兴校育人责任重大、意义深远。广大青年要坚定理想、胸怀大爱、锤炼本领、勇于担当，立志成为肩负民族复兴大任的时代新人！

长沙职业技术学院
喻友军
2022年7月

目 录

朱联明
一人一校十年"灯"
1

胡士群
飞翔，飞翔，不断飞翔
6

周 亭
摘夺悬崖峭壁上的成功之花
10

杨再虎
用爱，把世界打开
16

杜 康
用双手量出十年设计路
22

鲁 电
好风景就在家乡
27

罗黎波
让花儿开得更美丽
32

罗启鸣
所有的梦想都开花
37

周 辉
光辉是汗水汇成的晶莹
41

谢凌志
像胡杨一样扎根，
像雪莲一样绽放
46

贺 炯
绿叶对根的情意
50

汤信专
心唯大我育青禾
54

邓建辉
为"美"而生，
向"美"奔跑
61

欧慧萍
星星点亮她的围棋梦
65

沈 波
1%的智慧 + 99%的汗水
70

董举成
因为"懂"得，
所以轻而易"举""成"功
74

廖 智
生命之舟在奋斗中前行
79

周 旭
工作中积累，工作中成长
83

吴湘云
成长必定有收获
88

朱继凤
我有这样一个梦想
93

桂阳玲
美妙的青春圆舞曲
97

余小平
青春的底色是奋斗
103

刘冬华
追寻最美的模样
106

谢 蔚
坚持做好一件事
113

邹湘松
雷锋故里—"湘松"
118

廖浪亦
享受生命的旅程
121

阮鑫程
播种幸福教育
125

彭 琳
一颗坚强的心
129

邵钟宁
半月依旧照乾坤
133

冯 阳
披荆斩棘 心如暖阳
137

汪超群
爱让梦想飞起来
142

左 鹏
鲲鹏展翅,志在千里
146

沈 康
一名退役军人的"破圈行动"
152

姚文华
为理想而奋斗是最有意义的人生
156

曾仕萍
心中有梦想,
脚下才会有力量
160

陆跃兵
用行动来向世界发出声音
164

后记……169

一人一校十年"灯"

导读

他，1987年师范毕业后，放弃大城市的就业机会，毅然扎根大山深处，在偏远山村教学点工作，一干就是35年。

他，从2011年开始，一人一校，独自守护在湘东罗霄山脉深处，既是校长、老师、校医、心理辅导员，又是采购员、环卫工、保安、绿化员。

他，2021年被湖南省文明办评为"湖南好人"，2022年被中央文明办评为"中国好人"。

这是一曲感人肺腑的坚守之歌！

这是一曲青春无悔的奉献之歌！

他，就是山村孩子的"点灯人"，浏阳市社港镇日清小学教师朱联明。

名片

- 朱联明
- 1968年6月
- 男
- 浏阳市社港镇教师

原班级专业：普通教育师范专业844班　　学制：三年

在校学习时间：1984年9月—1987年7月

校友寄语

我终生怀念母校的养育之恩。

我希望学弟学妹们严格要求自己，做一个对国家、对社会有用的人！

浏阳市社港镇日清小学，地处浏阳与平江交界的一个偏僻小山村，距离社港集镇6公里。学校不大，工作、生活条件异常艰苦。

在这里，朱联明默默坚守了35年。

2011年起，日清小学的多数学生转往社港完小和同村的清江完小就读，老师们也陆续转往其他学校。看着个别学生家庭受地理环境或经济状况制约，只能在日清小学就读时，朱联明决定留下来。

这一留就是12年。

一人一校，其中的辛苦不难想象，朱联明却从未放下肩头这份责任。他说，自己愿意成为一盏灯，照亮山村孩子的上学之路。

让山村孩子"有学上"

1987年，从清江村考学出去的小伙儿朱联明，中师毕业后又回到了家乡，在社港镇日清小学当起了一名普通老师。

从此，朱联明与乡村教育结下不解之缘。

朱联明所在的日清小学由于地处偏远，很难留住外来的老师。这不，2011年，当日清小学的多数学生转往社港完小和同村的清江完小就读时，老师们也陆续转往了其他学校。

但朱联明留了下来。

他之所以选择无怨无悔地坚守，只为了一个承诺——让山村孩子方便地在家门口上学，接受良好的教育。

每一年，朱联明都为了仅有的几位学生留了下来。年复一年，他不断奉献着自己的青春年华。

朱联明说："即使只有一个学生了，我也要把他教好！在乡村教育中，一个孩子都不能少！"

单人校的一天在别人看来，就是很普通的自习、上课、午餐、上课、放学，但要像朱联明一样，从年头到年尾守着一个学校，又有多少人能做到？

在学校，对内，朱联明是校长，是德育处主任，还是各学科教师、校医、心理辅导老师、生活老师；对外，他是公关员、采购员、环卫工、保安、绿化员、消杀员。即便是寒暑假期间，他还要随时返校查看水电、校内外安全，以及基建项目的实施监督等。

学校破旧，屋顶常漏雨，没有钱雇工，朱联明只能自己爬到屋顶检修；烧不起煤球、液化气，他上山捡柴火做饭，下地种菜；看到学生蹭破了点皮，或有什么不舒服，他都会想方设法解决，学校有只精致的小药箱，朱联明看得很重。

由于地处偏僻，个别孩子家庭困难，连生活费都成问题。朱联明看在眼里，急在心里，最终在他的努力下，问题都得到了妥善的解决。

一人一校的坚守，算不上惊天动地的壮举，但朱联明平凡而崇高的师德之光，照亮了山村那片蓝蓝的天空。

让山村孩子"好上学"

日清小学是一所有着60多年历史的乡村学校。朱联明刚到日清小学时，学校连围墙都没有。

因此，在脱贫攻坚战打响以前，由于办学条件差、教学质量差以及学生和老师越来越少，当地政府一度想将这所学校撤掉。

如果撤掉了这所学校，这里的孩子要到更远的学校去上学，很不方便。最终，在朱联明的争取下，加之村民们的意愿，日清小学得以保留。

在朱联明的心里，不是学校保留了就行了，他还要让乡村孩子有个好的学习、生活环境，在这里"好上学"。

所以，他一直积极争取多方力量支援学校建设。

2006年，长沙市对外贸易委员会等13家单位，资助日清小学新建了电教室，硬化了操场，更新了教学楼的电路，重新装饰教学楼，学校面貌得以改善。

2012年，长沙市教育基金会资助35万元，为学校新建了厕所、标准围墙，把教学楼顶彻底翻新。

2013年，浏阳市政府出资，新建了学校78平方米的漂亮食堂，硬化了所有地面，加固围墙，更新电路，总投资65万元建设学校。

2019年，浏阳市政府再出资60万元，对学校进行标准化建设，日清小学发生了翻天覆地的变化。

现在，日清小学环境优美，电教设备、体育用品一应俱全，学校具备了开展现代化教学的条件。

2008年，浏阳电视台组织志愿者，资助日清小学2年级学生廖瑞婷至18岁的所有学习费用，每年3600元。

此外，朱联明还联系浏阳市自来水厂、浏阳市义工联、浏阳市骨伤科医院、社港镇志愿者共计80余人次资助贫困学生，关爱留守儿童，关心贫困家庭。

朱联明的无私奉献，温暖了贫困学生家长的心，提升了山村孩子的幸福感。

让山村孩子"上好学"

朱联明有自己卓越的追求，那就是让山村孩子"上好学"。

他说："学生的进步，是我最大的幸福！"

朱联明不愿意仅仅当一个"保姆老师"。为了实现自己的理想，他苦练内功，立志当教育的"行家里手"。

通过自学，朱联明拿到了专科、本科文凭，目前他又在自学读研。

长期以来，朱联明积极参加各种教研活动，不断提高自己的业务能力。他撰写的论文获省级二等奖2次，长沙市级奖励3次，浏阳市级奖励6次。他参加5年1周期的岗位培训，学分都在420分以上，多次被评为优秀学员。

现在，朱联明各科教学都得心应手。日清小学只有一年级，一天的课程分别有语文、数学、音乐、体育、思想品德课等，这些课程的任课教师都是朱联明。

因为一人一校，朱联明在教学上，刚结束完语文课又要开始准备数学课、体育课。在教务上，他作为学校唯一的老师，要完成所有教务资料的整理。在打造标准化学校建设项目时期，他经常忙到凌晨两点多才能休息。

朱联明在学校附近栽种了红薯、南瓜、青菜等蔬菜，只为学生们的中餐吃得更安全、更放心。除了负责教学，朱联明还时不时帮孩子夹菜、舀汤，叮嘱他们不要剩饭、不准挑食。

让我们来看看朱联明的一天吧——

早早起床，打开校门，迎接学生，晨检。等学生到齐后，开始打扫卫生，清扫操场，再扫走廊、教室，打开教室门窗换进新鲜的空气，并检查学校隐蔽的地方，消除安全隐患，然后大范围消毒。

下午放学后，学生们回家了，趁天还亮着，朱联明马上到山上捡拾柴火。回来后，又开始打扫卫生，直到把全校打扫得干干净净，才开始做自己的晚餐。

夜幕降临，昏黄灯光下，朱联明开始批改作业，精心备课，自学研究生课程——"充电"。除了语文、数学，还要准备英语、美术、音乐等，十一二点后才能忙完。

累了沏杯热茶，饿了就炒个剩饭。这样的日子，已经伴随朱联明一个又一个春秋。

一分耕耘，一分收获。

学生们没有让他失望，2010年以来，他任教的学科成绩，6个年度获浏阳市和社港镇学年教学质量评价第一名。

党和人民也没有忘记他，2021年朱联明被湖南省文明办评为"湖南好人"，2022年被中央文明办评为"中国好人"。

让我们向朱联明致敬！向这位山村孩子的"点灯人"、乡村教育的"摆渡人"、民族复兴的"追梦人"致敬！

雷锋日记

如果你是一颗最小的螺丝钉，你是否永远坚守在你生活的岗位上。

——1958年6月7日

案例点评

朱联明就像"螺丝钉"扎根罗霄山脉偏远山村，"一人一校十年灯"，用青春智慧去坚守奉献，成为山村孩子的"点灯人"、乡村教育的"摆渡人"。新时代就需要这样的螺丝钉。

飞翔，飞翔，不断飞翔

导读

他虚心向中国立体画第一人万文广、世界级壁画大师莱茨克学习。

他联合几位同样热爱绘画的听障同学和朋友，"用心作画，用画说话"，获得了湖南省青年创新创业大赛一等奖。

他的业务以湖南为中心，逐渐延展到江浙沪乃至全国。

他凭着一颗勇敢、勤奋、奉献、善良的心，不断奋斗，不断飞翔，让自己和同伴们获得了幸福人生。

他是湖南省优绘装饰工程有限公司创始人、总经理胡士群。

名片

胡士群　　1982年8月　　男

湖南省优绘装饰工程有限公司创始人、总经理

原班级专业：广告设计与制作专业2002TD1班　学制：三年

在校学习时间：2002年9月—2005年7月

校友寄语

培栋梁育英才，园丁们含辛茹苦；现在，已然繁花似锦。在120周年校庆之际，我要感谢母校对我的培养；祝愿母校今后能输送出更多的人才，写下更加辉煌的篇章。

胡士群，2002年9月—2005年7月就读于长沙职业技术学院广告设计与制作专业2002TD1班。

经过三年扎实的专业学习，毕业时，胡士群取得了理想的成绩：绘画作品多次在学院展出，并获得优秀学生干部、优秀毕业生等荣誉称号。

⛵ 初涉职场，多方提升

2005年7月，胡士群就职湘潭油画公司，虚心向高级画师学习油画，作品获得领导的青睐。一年后，他去了厦门油画公司，做油画部门主管。

由于语言沟通不便，工作中胡士群遇到了很多障碍和困难，但他从不气馁，始终为做得更好而坚持不懈。

2007年9月，为了增见识及拓技能，胡士群进入杭州的一家公司做网页美工。在网页设计方面，他埋头苦干，不断进取，积极主动同客户交流，作品得到设计师以及领导和客户的广泛好评。

2011年3月，胡士群去了上海，仍做平面设计师。他有幸于上海文化墙前结识中国立体画第一人万文广，并从此与壁画结缘。万老师热心指导胡士群画壁画，带他进入壁画行业，由此胡士群更加了解墙绘壁画。

2011年5月，在朋友的引见下，胡士群又认识了世界级壁画大师莱茨克。他虚心向大师请教油画及壁画画技，墙绘技能得到进一步提升。

⛵ 携手创业，天使展翅

2013年，为了和妻子女儿团聚，胡士群决定回湖南长沙发展，从事壁画行业。因为之前了解并积累了一些行业经验，胡士群的工作很快就获得了客户们的赞赏，他更加对自己有信心，也更加看好壁画墙绘的发展前景。

2014年年初，胡士群在湖南省残联的支持下，联合几位同样热爱绘画的听障朋友和同学，成立了士群艺术设计有限公司，主要做墙体手绘、3D立体画等各种装饰画。

他们是一个特殊的团队,自信、自立、自强。成员虽然全部是听障人士,但每个人都怀抱着对艺术的一腔热血。

起步阶段,他们遇到过重重困难,但他们齐心协力,一步一步挺过来了。

他们拥有深厚的美术功底、独特的艺术审美和"精益求精,尽善尽美"的服务态度,虽然听不见,但他们秉承"用心作画,用画说话"的理念,画好每一笔。

2015年8月,士群艺术设计有限公司更名为湖南省优绘装饰工程有限公司,简称UDS设计事务所,并在上海设立办事处。业务从以湖南为中心,逐渐延展到江浙沪乃至全国各地。

同年,团队荣获了湖南省青年创新创业大赛一等奖,并在全国青年创新创业大赛中获得银奖。

2015年至今,公司业务稳步上升,吸引招纳了更多志同道合的听障专职及兼职画师。团队荣获了无数省级、市级的创业奖项,承接了广州白云机场、上海红色革命文化墙等大型绘制工程项目,被包括《人民日报》《新民晚报》等在内的多家媒体报道。

团队在申城创作的电竞主题涂鸦墙,面积达200多平方米。这面墙以电竞游戏为主题,由4名聋哑画师耗时1个月完成。墙壁绘画的面积很大,往往需要几个画师同时开工,因此大家事先要做好分工。画面构图也很有讲究,要根据客户要求的方案,相似度达到80%~90%。

这次的电竞主题涂鸦墙,应该算是团队目前完成的最复杂的作品,画面人

物众多，十分耗费时间和精力，由于团队的画师都是拥有多年经验的听障人士，工作时不受外界干扰，非常专注，成品做出来效果很好。

一路发展，一路自省

"一路发展，也一路自省。我创业的目的，是希望凭着努力，带领听障人士一起，用自己的实力做一名优秀的画师，靠本事吃饭，端上自食其力的'金饭碗'。"胡士群饱含深情地说。

胡士群表示，很感谢国家政策和残联、人社、税务等相关部门对于自主创业的支持，尤其是2022年，面对新冠肺炎疫情的影响，不仅得到了政府部门的帮扶，还得到了很多社会创服机构、爱心企业和爱心人士的帮助。

目前，公司以及团队里的每一个人都在迅速成长，渐趋成熟。一切都在变得更好，业务也蒸蒸日上。

胡士群坚信，残疾人也有努力追求梦想的权利，只要付出就可以同样有收获：语言沟通不便，我们就用书写或手机打字；因为交流慢而失去客户，我们就更加真诚地对待每一个项目，让客户超出预期；我们不比任何人差，只是比常人付出了多倍的努力；我们可以做到，认准一个目标，坚持到底，努力向上，不怕挫折！

未来，我们将飞翔，飞翔，不断飞翔！

雷锋日记

青春啊，永远是美好的。可是真正的青春，只属于这些永远力争上游的人，永远忘我劳动的人，永远谦虚的人。

——1958年10月25日

案例点评

胡士群作为一名残障人士用坚韧不拔的意志品质和笃实行动，描绘了青春的华美篇章。一个人，只要有梦想，有追求，不懈努力，就可以书写出精彩的人生。

摘夺悬崖峭壁上的成功之花

导读

是在已经取得的成绩上，安逸享受？
还是走出舒适圈，寻找更美的风景，给生命更多的可能性？
周亭，给了我们一个铿锵的回答：
真正的勇者，敢于走出舒适圈；
人生的风景，没有最美，只有更美！

名片

周 亭　　　1975年7月　　　男

长沙市美宇电器有限公司董事
湖南柯腾电力建设有限公司董事长
长沙市先发科技有限公司董事长

原班级专业：普通师范教育专业934班　　学制：三年
在校学习时间：1993年9月—1996年7月

校友寄语

今天很残酷，明天更残酷，后天很美好，但是绝大多数人都死在明天晚上而看不到后天的太阳。

这是一位企业家对青年创业者的忠告，我把它送给学弟学妹。

因此，看准方向和坚持不懈，是我们在创业时必须遵循的"成功法宝"。

创业是一门体力活加技术活。好比画画，每个人都会画画，但这并不能代表每个人都能画好，都能画出价值。

为人所称赞的只是少数人，大部分人败在了绘画的技巧之上，空有一身蛮力而不能成就大事。唯有将自己的所学所想巧妙结合运用，才能铺就成功之路。

"路漫漫其修远兮，吾将上下而求索。"让我们来看看优秀企业家——周亭，是如何历经艰难，摘夺悬崖峭壁上的成功之花的。

有舍才有得，还有无限可能在等待着

周亭出生在一个普通的农村家庭，家境并不富裕，只能维持温饱，直到父亲开起餐馆，家庭的生活水平才有所提高。

周亭从小就很懂事，对于自己的未来也有着许多想法。通过自己的努力改变自己的命运、改变家庭的命运，是他一直以来的梦想。

从小，他就看到了许多人因为成绩不好或者家庭条件不允许而早早地辍学外出打工，干的都是收入微薄且辛苦的体力活，因此小时候的周亭就期望能摆脱这种令人无奈的处境，想要通过知识和技能去改写自己的命运，造就自己的不凡人生。

周亭深知，当老师是一份收入稳定的工作，体面且受人尊敬。为了这个目标，他努力学习，最终考取了浏阳师范学校。然而，当他真正成为一名人民教师时，他才意识到这一切仿佛并不如他想象中的那么令人振奋。

拿破仑说过："不想当将军的士兵不是好士兵。"周亭开始从教师岗位走向行政岗位，从普通教师到办公室主任，再到政教处主任，一直到校长，他通过自己的汗水和智慧，在27岁这个风华正茂的年纪当上了一所中学的校长，正科级干部。

故事到这里，主人公似乎已经走上人生巅峰，可以画上一个圆满的句号了，但生活往往比电视连续剧更加精彩。

周亭在看到学校的招生标语"燕雀安知鸿鹄之志哉"时，皱着眉头思考良久，仿佛有什么东西在心里悄然滋生：自己能从一名普通教师走到校长这个位置，那为什么不能有更大的成就呢？况且自己还如此年轻，一切皆有可能呀。

像是梦中惊醒一般，意识到生活还有无限的可能在等待着，他嘴里念着"鸿鹄亦不知鲲鹏之志呀"，似乎明白了在心里蠢蠢欲动的那颗即将发芽的种子是什么了。

他想创业，是的，去创业吧。

在意识到自己有更想要的东西后，周亭明白既然选择了远方，便只有风雨兼程，不留退路，去尝一尝这世间百味，看一看这人间万象。

周亭不顾家人的反对，辞去校长一职，丢下当时大家眼中的铁饭碗，人人艳羡的仕途，毅然决然地下海经商了。

越努力越幸运，机会留给有准备的人

下决心容易，但要把想法变为现实却很难。

周亭来到长沙以后，从事了很多行业。他一边关注着行业的发展趋势，一边积累工作经验。

兜兜转转之间到了2002年，机缘巧合之下周亭接触到电气这一行业，并成为长沙市美宇电器有限公司的一名电气元器件销售员。

评判一个销售员是否优秀的标准，就在于其业务量的多少。在没有业务的时候，周亭就守在电话旁边，不放过任何一个和客户接触的机会，同时在公司的前辈们身旁认真学习，努力提高自己的专业素养和业务能力。

万事开头难。

那是一个很寻常的下午，电话铃声响起。周亭迅速地接起电话，客户说需要一台开关柜。要知道，客户定开关柜都是上百台的订货量，一台未免太少了，要是其他的业务员，可能早就不当回事了，但是周亭却不这样想。

第二天一早，他就赶去客户的公司和客户当面交谈，充分了解了客户的需求后，及时制定了生产方案，而且认真细致地做好售前售后服务。最终，他用自己的真诚打动了客户，并取得了客户的信任。

在完成这项业务之后，客户向合作伙伴介绍了这位积极能干的年轻人。之后的业务，就像滚雪球一样排着队找上门来。

这件事情成为周亭职业生涯中一个重要的转折点。那位客户鉴于周亭的优秀表现，向周亭的上司提议将周亭的职务由销售员提升为副总经理。公司在经过对周亭的重重考核后，最终决定将周亭提拔为新一任副总经理。

周亭在美宇电器有限公司工作了15年。在这15年里，他接触到了社会各个层面的精英，并不断地向他们请教、学习，在工作中也积攒了众多人脉。

通过和一些成功的企业家进行交谈，周亭似乎领悟到了他们成功的秘诀。

在摸爬滚打中，周亭养成了办事雷厉风行，善于记录、善于沟通的习惯，他的语言表达能力、业务能力、交际能力、组织能力和领导能力也在不断提高，而这些能力，也为他以后的自主创业打下了坚实的基础。

⛵ 创业无坦途，君子应自强不息

在周亭的职业生涯再次到达顶峰之时，他又一次做出了常人难以理解的举动，主动辞去工作，开始自主创业。

2015年，周亭创办了长沙市先发科技有限公司。

有过经商经历的人都知道，创业不仅累和苦，而且失败率极高。

在创业之初，周亭面临没有名气、没有客户的处境，跑业务时，经常会看到客户一张张冷漠的脸。即便如此，他依旧保持着饱满的精神状态，无论何时何地，都以最真诚的态度面对客户。

人们常说：小成靠勤，大成靠运，这个运，很多人认为是运气，但在周亭看来，运气背后是夜以继日不敢松懈的努力和日复一日的坚持。

创业首要的就是创新。真正的创新，并不是随便想出来的一个小窍门，或是自己觉得有意思的想法，而是当自己的产品创造出来以后能够满足消费者的需求，并且能够为公司和社会创造持续的效益，这样的创新才算是真正意义上的创新。

有了这样的创业理念，接下来需要考虑的就是如何把企业的发展方向与创新理念相结合，然后脚踏实地地付诸行动。

周亭创办的长沙市先发科技有限公司是湖南省首家把干冰清洗应用于电力系统电气设备清洗的公司，以其清洗效率高、时间短、清洁环保无污染、对电气设备无损伤等突出优势被电力系统各个公司所青睐。这不仅为客户带来了巨大的利益，也为社会环保做出了一份先人一步的贡献。

⛵ 人生不设限，敢闯敢拼

纵观周亭从教师到打工再到创业成功这段崎岖的道路，可以看出，他从不给自己的人生设限，敢闯敢拼，给自己的生命拓展了宽度，增加了广度，延展了边界，成为一个造福社会、成就自身的人。

人这短暂的一生中，不能仅局限于创造物质财富，更重要的是要提升自己的精神境界，为自己心中的梦想，树立一种信念、担起一份责任、完成一段使命，促使自己的人生变得更加独立、完整而且充满意义。

敢想敢拼，下定决心绝不退缩，绝不半途而废，周亭是这么想的，一直也都是这么做的。他时刻警醒自己：一切的成功都源自于熠熠闪光的梦想和辛勤的汗水再加上永不停止的学习。

他深知，创业的压力是躲不掉的，一个企业家要耐得住寂寞和诱惑，还要受得了压力，忍得住误解，外练一层皮，内练一口气，这很重要。武林高手比的是经历了多少磨难，而不是取得多少成功。

在经历了这一切之后，大概只有周亭才能体会为梦想而流下汗水和付出辛劳的滋味。

精彩的人生不设限制，崎岖道路成就伟大的梦想。新的一页才刚刚翻开，相信周亭在未来，必将书写更加精彩的篇章！

雷锋日记

我愿在暴风雨中——艰苦的斗争中锻炼自己，不愿在平平静静的日子里度过自己的一生。

——1962年3月4日

案例点评

周亭自强不息，克服了创业路上的艰难困苦，书写了人生的精彩篇章。奋斗是人生最靓丽的底色。新时代青年只要愿意挑战自我，搏击风浪，就一定能绘就人生最美的风景。

用爱，把世界打开

导读

每种色彩，都应该盛开，别让阳光背后只剩下黑白。

他告诉自己，每一个人，都有权利期待；

他告诉孩子，爱放在手心，跟他来；

他告诉大家，帮助别人，就是成就自己。

他把责任挑在肩头，把爱放在手心，帮助大量自闭症孩子，成功进入普小进行校园融合，让他们绽放自己的色彩，拥有最美好的未来。

他是深圳市紫飞语康复教育集团公司总干事、深圳市康复医学会自闭症专业委员会委员杨再虎。

名片

杨再虎　　1983年11月　　男

深圳市紫飞语康复教育集团公司总干事

深圳市康复医学会自闭症专业委员会委员

原班级专业：特殊教育专业2000年大专班　　学制：五年

在校学习时间：2000年9月—2005年7月

校友寄语

书到用时方恨少，珍惜在校学习的每一天。

就业与创业看似是一对矛盾，其实不然，想创业要先就好业。

想在一个行业成为佼佼者，必须潜心修行10年以上。

兴趣是最好的老师，兴趣是最强大的动力，做自己喜欢的事情。

⛵ 人生的幸运，在于无助时有人燃灯

杨再虎是一个在湖南湘西大山里长大的孩子，从小就立志要当一名老师。

杨再虎的表哥是个听障人士，从小跟他在一起玩，无师自通地学会了一些只有他们两个人才能明白的手语。随着年龄的增大，杨再虎看到了表哥很多生活上的无奈。中考那年，杨再虎报考了湖南浏阳师范学校特殊教育专业（挂长沙大学）。

刚入校门，杨再虎遇到了人生中最沉重的打击。父亲在杨再虎第一个学期还没有结束的时候，生病意外过世。从此，杨再虎的世界里没有了父亲的陪伴及谆谆教导。

杨再虎悲痛，杨再虎迷茫，杨再虎甚至感觉到每一天都是世界末日。所幸，在班主任陈老师和同学们的帮助下，杨再虎逐步走出悲伤并专心学习。

待杨再虎如父的老师——陈淼根老师，在杨再虎感到最无助最绝望的时刻，鼓励和支持杨再虎重新点燃对人生的希望。那个学期，陈老师经常找杨再虎谈心，甚至带杨再虎到家里吃饭，安排与杨再虎关系好的同学，时刻关注杨再虎的动向，带杨再虎一起玩，让孤僻寡言的杨再虎，性格变得开朗了起来。

而开朗的性格，在杨再虎今后的成长中，起到了至关重要的作用，让杨再虎在各个工作过的单位迅速脱颖而出。

⛵ 即使充满艰辛，也不停住前行的脚步

2005年，杨再虎从学校毕业。

时值特殊教育康复中心在全国各地如雨后春笋般不断崛起，于是杨再虎和两个同学来到了深圳一家孤独症康复中心实习、工作。

刚开始接触孤独症，确实很茫然。虽然在学校也学习过一年的相关课程，然而真正从事这项工作时，杨再虎对孤独症儿童康复教育虽有满腔的激情却一时无从下手。

在同事们的帮助下，杨再虎从不知到一知半解。记得第一次给学生上课的

时候，由于对异常行为的处理不当，一堂课下来，自己满头大汗，学生却收益甚微。沮丧之情，溢于言表。一个月下来，心情很是低落，家长投诉不断，学生进步缓慢，理想与现实之间的落差，深深刺痛着杨再虎的心。

两个月后，杨再虎选择了辞职。杨再虎和一个同学在一个月之内，辗转于中山、东莞、长沙三地，他们应聘过文员、推销员，甚至工厂流水线的工人，始终没有找到合适的工作。

在一个月的漂泊岁月里，杨再虎深深明白了一个道理，人不能拿自己的短处跟别人的长处比，否则肯定会头破血流。杨再虎是学特殊教育的，就应该好好去扩展自己的专业，这样才能更好地发展。

杨再虎又回到了深圳的一家孤独症儿童康复中心工作，一个杨再虎梦开始的地方。

有过漂泊的经历后，杨再虎在工作上的态度端正了很多，经常课后追着同事讨论学生的问题，下班后找住中心附近的学生练习，有时间就去看关于孤独症方面的书籍。

付出总有回报。很快,杨再虎的工作得到了大家的认可,上班的激情又一次被点燃。

2012年,杨再虎离开了工作多年的老单位——福田区紫飞语特殊儿童康复中心,开始独自创业。

杨再虎在深圳北站附近租了一套160平方米的办公室,创办了人生的第一个公司——深圳市七彩乐园心理咨询有限公司。

杨再虎开始独自疯狂地上课,带学生。每天从早上7:30开始上课,中午12:00休息,下午14:00开始上课,19:00下课,每天工作9个小时,中间除了午休2个小时之外,没有一点休息时间,连喝水上洗手间都要跟学生请假。

由于用嗓过度,喉咙经常性发炎,杨再虎每个月有一半的时间是带着沙哑的声音在给孩子们上课。两年以后,医生告诉杨再虎嗓子已经发展成慢性咽炎了。然而,生活的艰辛让杨再虎根本停不住说话的"脚步"。

耕耘自有收获,奋斗是青春的底色

2014年的国庆前夕,一次偶然的机会,一个朋友告知杨再虎宝安某机构经营不善濒临倒闭,问杨再虎是否有意向接手。杨再虎迅速和对方负责人联系,非常顺利地谈妥转让事宜。

然而,让人头疼的是,大额的转让费杨再虎无力承担。

一个学生家长知道杨再虎的情况后,表示愿意出资合股接手这个机构,只分红不参与机构管理及运营。就这样,从2014年国庆节开始,杨再虎顺利接手宝安区贝能特殊儿童康复中心。

此时的机构,15个学员,10个老师,所有学员的费用还不够发教师工资,还有昂贵的房租及其他开支,亏损严重,这个状况必须在短时间内扭转,否则杨再虎也一样要走向转让的结局。

杨再虎深知,机构的运营状况与教学的质量及教师素质息息相关。教学质量在短期有本质提升是不可能的事情,但教师素质、教师的精神面貌及工作态度是可以在短时间内扭转的。

为此，杨再虎做了四件事情：第一，统一工装，让家长们看到机构全新的面貌；第二，加强思想管理，每天和老师们共同交流正确的工作理念；第三，每天开会用来讲述自闭症家庭的困难，评述老师们的工作给自闭症家庭带来的改善，增加老师们对工作的认可度；第四，每周五晚上3个小时的专业培训，提升老师们的授课技巧。

两个月后，康复中心的学员从15人增加到30人，完成了第一个翻一番的目标。

此外，杨再虎积极开设特色课程，把社交游戏课程带到宝安并大力推广，成功吸引了大批高功能自闭症孩子，到2016年年底，成功输送20多位自闭症儿童顺利进入普小进行校园融合。

因为高功能自闭症孩子的训练效果见效快，家长的口碑好，家长间的传播速度很快，两年间，贝能特殊儿童康复中心的社交游戏课程成为宝安最著名的专项课程。2016年还引进我国台湾省林凌佩老师的多元化社交课程，贝能特殊儿童康复中心的日间学生人数也从当年的30人变成了60多人，加上课外辅导的学生，康复中心日间服务人数达到了80多人，再一次实现了翻一番的目标。

经过一年半的发展，贝能特殊儿童康复中心从当初的1家学校合作发展到了9家中小学合作，融合日间服务人数最多时达到上百人，融合教师队伍达到了10人。

贝能特殊儿童康复中心在2017年年底成为深圳融合教育服务支持的代名词，只要一提起融合支持服务，大家都一定会想到宝安区贝能特殊儿童康复中心。

一年多的融合服务经验，杨再虎认识到自闭症儿童特别是低年龄儿童在入学前期的困难，在暑假期间联合宝安区爱心智慧康复中心举办了一次独特的自闭症幼小衔接班，杨再虎把幼小衔接的地点从机构搬到了普通校园，让自闭症儿童真正提前了解小学课程模式，知道小学课堂规范，从而为孩子顺利融入小学奠定了坚实基础。

2019年4月，杨再虎与深圳市紫飞语特殊儿童康复中心达成协议，把原贝能特殊儿童康复中心的融合项目并入紫飞语,并担任紫飞语康复教育集团公司的总干事(实际相当于CEO),成为一名职业经理人。

帮助特殊孩子,是杨再虎不会放弃的理想

虽然在这些年中,杨再虎不断变换工作地点,变换自己的工作性质,但他从来没有放弃自己的理想:帮助有特殊需要的儿童。

从刚从事孤独症儿童康复工作时的触动,到现在的感动,杨再虎经历了迷茫、放弃到最后的坚持。独处的时候,他总是在想:如果自己没有从事这份工作,现在会什么样子呢?

缘分似乎早已注定,杨再虎为自己拥有了这份缘分而更加自豪,也因为有了这份缘分而变得更加自强!

雷锋日记

人的生命是有限的,可是,为人民服务是无限的,我要把有限的生命,投入到无限的为人民服务之中去……

——1961年10月20日

案例点评

杨再虎用爱心为特殊儿童打开了一个全新世界,为自己的职业生涯发展增添了一分精彩。爱人者,人恒爱之。做仁爱的使者,必然收获心灵的宁静和愉悦。

用双手量出十年设计路

导读

没有经验，总是失败，不被认可。

谁还不是这样跌跌撞撞过来的呢？

不同的是，有的人只会埋怨，一蹶不振，灰头土脸；

有的人却积极面对，将挫折酿成生活的美酒，喝得满面红光，精神振奋。

越挫越勇的他，设计出了客户满意的房子，也设计出了自己满意的人生。

他是湖南名匠装饰有限公司设计一部经理杜康。

名片

杜　康　　　1991年5月　　　男

湖南名匠装饰有限公司设计一部经理

原班级专业：装潢艺术设计0904班　　　学制：三年

在校学习时间：2009年9月—2012年7月

校友寄语

　　当今世界有两样知识是必备的：一是对大局的把握，也就是我们说的广阔的眼界和开放的胸怀；二是对影响变化的各种先进技术的理解和敏锐感知。前者决定了我们人生的格局，后者决定了我们对未来的把握。

　　长沙职业技术学院的教育和文化，必然会令其学生具有相比较其他院校更开放的眼光和理念，一定会有更主动和积极的心态去探寻外部的世界。

　　在社会上生存从来都是先做人后做事，爱学习的霸得蛮的人，才会成功。

　　学习、读书；持之以恒地学习、读书，加上勤奋工作，我们完全可以补上短板。

　　学弟、学妹们，你们生长在最好的时代，在祖国天翻地覆的巨变中，我们不应该是一个旁观者，应该是一个参与者，应该为祖国的强盛出一分力。

杜康，2012年毕业于长沙职业技术学院室内设计专业。

⛵ 人因憧憬而坚持

毕业后，杜康进入长沙名匠装修公司，做了一名实习设计师。

和很多学这个专业的人一样，杜康开始了自己倒贴的打工生活，没有工资、没有订单派，他就只能帮有经验的设计师量房画图。当然，他也有房型图量错了、设计图被无数次否定的经历。

这样的日子一过就是1年，杜康开始有点坚持不下去了，甚至想着离开长沙，回老家让父母找关系安排工作、换个行业。

人生也许就是这样，当你坚持不下去的时候，有人就会来帮你一下。

公司恰好来了一个业务，是小东门附近的一个60平方米的二手房改造，其他设计师都不愿意接，店长建议杜康去试试，杜康心里顿时充满了力量。但这个单子的难度，就像一个新兵被通知搞实弹射击一样，业主本身是做市场营销的，

各种理念一套套的，而杜康平时话也比较少，一紧张还带口吃。

谈了一次后，他从客户的眼中明显看到了失望。回店里报告店长，这个单子黄了。这时，恰好经理在店里，让杜康别失望，改天他去帮杜康谈谈。过了几天，经理和杜康去与客户见面，经理不愧是做营销出身的，半个小时不到就说服了客户。

回单位的路上，经理认真地给杜康分析了这个客户的情况，并说杜康有很多"病"，让他晚上回去一项项列出来。

真被经理说中了，他真的病了，回家看病，在病房里躺了15天，而且一病一个多月，等他再回公司的时候，这个单已经做完了，而他的身体是好了，心里的"病"还在，虽然中途签了几个小单，但是一直郁闷到年底。

难道这是他读了三年大学所要的结果吗？每天晚上，杜康回到出租屋里，一个人东拿拿、西放放，一看时间，已经凌晨了，一天天这样下去，人真的受不了，想想上大学时总是憧憬着未来的设计工作是多么的高大上、是多么的受人尊敬，一声长叹、彻夜难眠。

杜康暗下决心要改变，要学沟通，学营销，做名匠最好的设计师！

人因执着而成功

以后的日子，凭着对设计的喜欢以及执着的精神，杜康每天连续工作14个小时以上，困了就睡，甚至晚上的时候衣服都不脱，趴在电脑前面就睡着了。

还算老板比较好，每个月给1000元的固定底薪，找同学合租，房租每个月500元，算是"饿不死"了。

长沙这个地方毕竟是中国家装行业发展比较早的地方，有能力的设计师比比皆是，杜康抱着多学多问的态度，不管觉得简单的还是难的，只要不知道的都要问，任何一个设计师都不放过，问的问题如果他们也答不上来，那就得找比他们厉害的人问，直到把问题解决才肯罢休。

那时候，有个前辈说不要用壁挂式的厕所，很容易堵掉的，杜康问他什么原理，前辈答不上来。不死心的杜康就自己去市场上找，去问懂的人，最后终于把问题弄明白了，"我要把所有人的优点都学到，再把自己的思维加进去，形成自己的思考问题的方法，做事情就比较顺心了。"

功夫不负有心人，通过自己的努力，以及在师傅的指点下，3个月后杜康签到了第一个大单，12万元全包。之后，陆续接了几个单，还都收到了设计费。

杜康一直记得师傅说过的一句话："做人做事，都不要自大，要时刻保持谦虚的态度。"他说，他的方案在师傅眼里从来没有好过，现在回头看看确实不怎么样。但是，他知道师傅为什么一直打击他，也正是因此，他养成了勇于面对挫折和困难的习惯，困难越大，他的动力越大。

杜康一直很感激师傅对他的指点。他说："没有师傅的指点，他就不会有今天的成就。"

说到师傅，杜康又想起了一件事，记得有一次，给师傅看一个120平方米的设计方案，他看了后直接就说："没什么想法，你受我的影响比较深，里面还有我的方案的影子，你要学会有自己的方案，有自己的风格，要学会自己想问题。"杜康默默地听师傅讲完后，习惯性地说把你最近做过的案例给我看下吧，结果被师傅大吼一顿："你就不能有自己的想法和思维模式吗？你跟着我的思路走你不会有什么成果的，注定也就会这么平凡的。"

从那次之后，杜康慢慢地开始形成自己的风格，寻找属于自己的设计。在这个过程中，他发现了很多设计手法和表现设计思路的角度。

人因梦想而伟大

此后的8年时间里，杜康努力寻找一切能与世界知名设计师或是设计机构接触的机会，听世界知名的设计师讲设计，自己去领会和体验，包括大家熟悉的梁志天、高文安等，与大师的接触和交流，让杜康从中学到了很多新的设计理念，对于自己后期做设计，追求属于自己独特的设计思维模式起到了关键性的作用。

杜康知道，一个好的设计作品，不是圈子里的人或是某地区的人说好就是好的，好的作品一定要符合大众的审美，所以他必须修炼自己的内功和对设计的理解，做到对空间的把握和灵活地运用。

杜康说："我感谢曾经经历的日子，是他们成就了我的现在。"

雷锋日记

为人类的解放事业——共产主义贡献自己的一切，这才是幸福的。

——1962年4月4日

案例点评

人生因梦想而伟大，更因勤奋而精彩。杜康用他对人生的憧憬、对事业的执着、对梦想的追寻，勇敢地在创业路上搏击惊涛骇浪，用勤劳双手绘就了人生精彩。

好风景就在家乡

导读

其实你不用去远方，好风景就在家乡。

兜兜转转之后，家住黑麋峰景区的她，明白了这个道理。

她精心设计，改造自己的房子为民宿；

她让来自己家乡旅游的人，得到最好的体验。

她说，哪怕是最没有希望的事情，只要勇敢，坚持去做，到最后就会拥有全部希望。

她是长沙雅颜居精品民宿创办人，鲁电。

名片

鲁 电　　1985年5月　　女

长沙雅颜居精品民宿创办人

原班级专业：财务会计专业117班　　学制：三年

在校学习时间：2001年9月—2004年7月

校友寄语

唯一可以不劳而获的是贫穷，唯一可以无中生有的是梦想，没有哪件事情是不动手就可以实现的。

只要你愿意走，总会有路。

⛵ 上半场的艰辛

鲁电，望城桥驿人，初中就读于黑麋峰附中，高中考入望城八中。

在校期间，鲁电学习成绩优异，积极向党组织靠拢，参加了学校的党课学习，并被确定为入党积极分子。

鲁电跟老公相识在长职，两个人从一开始不被看好，到现在家庭美满；从一无所有，到现在拥有了自己的事业，至今已有18个年头。

职校毕业后，鲁电在长沙一所房地产公司上班，老公在贵州的物流公司上班，两个人的工资加起来也只能保障基本的生活开销。2018年5月老公从贵州物流公司辞职回来，两个人结束了异地的生活。

一次偶然的机会，两人发现建筑行业材料贸易行情比较好，便开始尝试接触这一行业。当时他们有的就是一辆电动车，于是每天骑着电动车，在长沙市里一个工地一个工地去跑。两个人、一辆电动车，就搭建起了整个公司。

一开始，他们并不顺利，有时候跑几天都没有一个订单，但是真诚、努力的人往往运气都不会太差。他们开始有了第一单、第二单，一直到最后有工地的老板主动打电话说指定他们送货。

最让鲁电印象深刻的是，她当时怀着大宝，有的时候工作忙起来，凌晨1点都还在高速公路上面跑，但是也没有办法。到预产期的时候，事业才刚刚起步，一刻都耽误不得，鲁电就随身带着小毛毯跟老公跑业务，甚至有的时候还需要在车上过夜。

建筑行业竞争压力很大，赚取了第一桶金后，鲁电与老公又想着尝试做些别的工作，那就是设备租赁。她跟老公拿出了手中所有的积蓄，发现资金还是不够，恰好当时中联重科可以融资租赁，分期还款。两个人一拍即合，决定做下来。

租赁设备并不像他们想象中那么简单，设备比较昂贵，如何运输是个大问题。刚做的那会儿，老公连续两三个晚上没有睡觉，在长西高速公路上还出了车祸，好在人没事。

2012年在忙租赁的同时，由于有了前几年跟工地老板、朋友接触收获的信任，鲁电跟老公这时候又接到了邵阳的一个土建工程项目。由于两人一开始也不是从事这个行业的，所以很多东西也都是摸着石头过河，中间遇到了很多的磨难。

2013年时，由于地产经济不景气，出现了资金链断裂的现象，工地的款项批不下来，尽管如此，鲁电跟老公始终秉承一点，对于工地工人的钱绝不差一分一毫，她跟老公两人借遍了所有能借的亲戚朋友，家里的所有积蓄都拿出来给工人们发工资，老公在工地待了一个月，大年三十的晚上，还守在工地上要工程款。当时的工地是和一个朋友合作的，给了朋友几十万元去付款，让鲁电想不到的是，合作的朋友竟然拿着这笔钱跑了，找人无果后，鲁电没有办法，只能自己掏钱又将这笔钱给补上。

2015年工地做完。这个时候，鲁电跟老公陷入了迷茫。

⛵ 下半场的精彩

鲁电的家在黑麋峰风景区，她每隔一段时间就会从城里回家住一段时间，放空自己。有一次回家早晨起来，看着美丽的风景，她心里萌发出了一个想法，为什么不把这样好的景色带给更多的人，让更多的人感受到自然的风光，同时也把自己的家乡推广出去。

鲁电一直都是一个行动派。说干就干，她立即和老公商量，决定自己动手把房子改造成民宿。

那段时间里，鲁电黑麋峰长沙两地跑。为了挑选到合适的材料，鲁电跟老公从长沙飞到了广州看材料，室内设计也全都是由自己跟老公商量出来的，小到花园里面的一草一木，大到房间的家具家电的款式，每一个无不是他俩用心布置出来的。

花草比较娇贵，炎热的夏天，鲁电每天一大早就得起来浇水。为了给顾客更好的体验感，除了日常工作，每隔一段时间她都要去各地学习民宿管理、民宿布置。接待客户都是由鲁电亲力亲为，不管面对什么样的客户。

鲁电刚做民宿的时候，全家人都反对。也许，湖南妹子都有那么一股子的

韧劲。在努力说服家人后,她和老公一起坚持了下来。

最开始,靠一些朋友帮忙发一些朋友圈,还有一些是直接过来体验的。随着口口相传,慢慢地人数越来越多。到后来,每到周末的时候,已经难得约上房间了。他们还计划做个官方微信公众号做一些宣传,继续扩大知名度。

2019年6月,随着"雅颜居"的发展,鲁电辞掉了房地产公司的工作,专心回家负责民宿。

回想起来,鲁电只感觉时间过得非常快,一晃12年就过去了。

她说,自己教育小孩,不管拥有多少东西,奋斗的脚步是永远都不停的,不管做什么事情,都不要害怕、不要退缩,永远都不要认为自己不行,要坚信自己一定可以。

只要跟鲁电聊天,就会对这个勇敢的姑娘刮目相看。鲁电说,与其说我勇敢,不如说我嫁对了一个好男人,两个人一路走来,不管是婚姻上还是事业上都非常默契。

老公最开心的是给鲁电买喜欢的礼物,带鲁电出去旅行。现在的鲁电是爱情、事业、家庭三丰收。虽然一路走来坎坷无数,却是甘甜无比。

鲁电希望把民宿做得越来越好,做出品牌,把"雅颜居"开成连锁,让更多的人了解"雅颜居",了解黑麋峰。

雷锋日记

世界上最光荣的事——劳动。世界上最体面的人——劳动者。

——1961年3月16日

案例点评

鲁电用自己的辛勤劳动、聪明智慧、勇敢坚毅描绘出乡村最美的风景,为旅游者提供最好的体验。劳动光荣、技能宝贵、创造伟大,在平凡的岗位上逐梦的劳动者是最美的!

让花儿开得更美丽

导读

花儿很美,放在恰当的地方,更美。

当一个人真正读懂了花的世界,他(她)就如一只蝴蝶。

那或平或奇的形状,或深或浅的颜色,或浓或淡的芬芳,都是大自然甜美的密码。而他(她),则是人生路上最美丽温柔的导师与朋友,给你启迪,伴你成长。

罗黎波,就是这样一只蝴蝶。

她懂得如何让花儿开得更美丽,也懂得如何让自己舞得更幸福。

名片

罗黎波　　　1992年7月　　　女

湖南省花了文化发展有限公司董事长

原班级专业:园林工程技术专业1106班　　　学制:三年

在校学习时间:2011年9月—2014年7月

校友寄语

青春虽懵懂,但却是成长的良机。

学校是我成长的沃土,老师辛勤的浇灌,培育我对自我的信心。

知行合一、格物致知、以艺塑形、以趣造梦。

愿学校发展得越来越好,成为学生坚实的后盾。

也愿更多的校友闯出一片天地,成为学校的骄傲。

出生在花炮之乡浏阳的罗黎波，从小就喜欢鲜花。

烟花虽美，但漂亮的鲜花才是她的最爱，千挑万选后罗黎波选择了长沙职业技术学院园林设计专业。

内心聚着一团火

在长沙职业技术学院，罗黎波担任班长、分院学生党小组组长，工作受到了老师们的一致好评。同时，她的学习成绩也一直名列前茅。

不仅如此，她还是一位爱运动、爱生活的女孩子，参加了学院羽毛球队，分院女子篮球队。

罗黎波是一个内心聚着一团火的女孩子。

2012年大二，学院园林工程技术专业安排了一个月的花店实习。罗黎波抓住这个学习机会，打开了自己就业创业的大门。

除了在花店学习实用的商品花艺技巧，罗黎波还有着自己的想法。她认为插花师就像一位画家，各种花材就像是画家手中的颜料，经过画家的手最终成为一幅艺术品。

实习的后期工作中，罗黎波认真钻研花材，花礼坚持创意为主，为顾客定制花礼。

2013年毕业前半年，罗黎波第一份实习工作是在雅筑装饰公司做装修顾问。这对于一个还没毕业的女孩来说，无疑是一个挑战。

这一年，是新媒体行业逐渐萌芽的一年，想要不被淘汰，掌握新媒体技术非常重要。

罗黎波利用自己的休息时间，翻阅书籍，手机里面保存了很多相关资讯，自己尝试软文编辑、网络营运和图片处理。有的时候一条微文写起来就写到了半夜，但当发出来的微文得到大家的认可时，罗黎波有说不出来的满足感。

在当时，商业推广比起传统的电话营销，能够获得更高的顾客信任度，方法也更有效。

⛵ 从经历中汲取也向时代学习

毕业后,罗黎波自主创业,在大学城周边建了一家零食仓库,运用之前所学搭建电商平台,以外卖形式进行推广。后因资金有限,团队人员精力不集中而失败。

同年,罗黎波尝试过餐饮机构的管理,从服务员培训被选拔为主管。三个月后,她觉得发展前景不好而辞职。

2015年,罗黎波在招聘网上看见果之友水果连锁机构招聘花艺师,觉得应该试着发展果艺,遂去面试。当时的环境较为艰苦,她自学水果陈列技巧,并将水果和花艺相结合,创造数百款产品,并将自己的果艺技巧分享给更多的同行,还受邀参加长沙花艺交流会。

2016年,罗黎波负责庆萱茶艺学校的花艺培训项目。她深深地认识到,学习是无止境的,于是自己开始重新补充学习花艺知识,当年参加了韩海老师高级花艺设计课程,由于她的认真出色,被挖掘成为韩海老师h2flower团队成员讲师。

2017年,罗黎波负责简爱花卉的花艺项目,将现代花艺转换成创新型花艺,开展了几十场公益的生活类插花教学。

同年，罗黎波参加蔡仲娟老师的中国传统插花艺术高级研修课程，着重研究中国传统插花艺术的技法，进而形成自己的风格以及教学体系。作为主讲老师，她参加西安大型花艺公开课分享传统插花，广受好评。

2018年，罗黎波担任衢州商贸有限公司的花艺总监，负责服务器皿的插花打样和线上教学。她将内容总结成一套独特的教学体系，提升自己的插花技艺。

这一路走来，罗黎波经历了无数次的就业创业，有过失败也有过成功。

2018年年底的时候，罗黎波第一次参加中国杯花艺大赛选拔，昆明站落选，她没有因此而丧失信心，而是勇往直前。7天后紧张准备上海站，凭借自己过硬的专业知识和良好的心态，以传统项目第一，现代花艺第二的好成绩，最终获得亚军。

2018年10月，罗黎波回到了她的起点——长沙，成立湖南省花了文化发展有限公司，创办花了研学会，主要提供中式插花教学以及花艺师、插花师、园艺师、讲师考证工作。

2019年，罗黎波参加中国杯山东临沂赛前培训。同年，她还受邀参加长城淘宝杭州未来星球先锋花艺展。

罗黎波几乎每年都安排外出学习、授课、展览，在不断的学习中砥砺前行。

⛵ 期待更多的人来普及这人世间的美好

罗黎波也是一个懂得感恩的人，多次回母校为学弟学妹们进行公益讲座。

2018年6月28日，罗黎波回学校参加了"缤纷七月唯美花艺"献礼建党97周年插花活动，展出了她的一系列献礼祖国的插花作品，如"花开富贵"寓意祝祖国繁荣昌盛，"谁持彩梅当空舞"寓意圆飞天梦，扬中国魂。

罗黎波也时常来学校花艺社指导学弟学妹们插花。"罗学姐既是我们的学姐，又是我们的老师，她是一个非常有耐心的人，我们不懂的问题，她总会耐心给我们解答并指导。"一位认识她的学妹这么说。

罗黎波说，创业肯定是跌跌撞撞的，自己也失败过、迷茫过，但是乐在其中的是创业的过程。创业过程中的酸甜苦辣，她现在回忆起来，也别有一番风味。

花艺这门艺术的推广，靠罗黎波一个人的力量还远远不够，但是她坚信爱美之心人皆有之，期待能有更多的朋友爱上花艺与果艺，和她一起来普及这人世间的美好。

最后，罗黎波说，她要向培养她的学校敬礼，向每一位培养她的老师致敬！

雷锋日记

我们处在一个翻天覆地、千变万化的时代……在这样的时代里，我们应当站得高些，更高些；看得远些，更远些！

——1960年11月×日

案例点评

世界正处于创造力空前活跃的时代，罗黎波敢于创新、勇于创新，适应时代需求用求实创新的精神点燃了青春梦想。

所有的梦想都开花

导读

苦涩艰难的实习生活，让他"在徘徊孤单中坚强"。

博览群书，让他"就算受伤也不闪泪光"。

从一个默默无闻的设计学徒，到室内设计师，再到拥有属于自己的装修公司，再到装修公司在当地小有名气。

如今，他的"所有梦想都开花，追逐的年轻，歌声多嘹亮"。

他是慈利县鸣仁室内装饰设计工作室设计总监罗启鸣。

名片

罗启鸣　　1989年12月　　男

慈利县鸣仁室内装饰设计工作室法人/设计总监

原班级专业：装潢艺术设计专业0903班　　学制：三年

在校学习时间：2009年9月—2012年7月

校友寄语

　　设计需要从每个基础的知识开始，不断思考和积累经验。

　　愿每个设计专业的你，在校学习期间把基础理论和软件操作学好，课余时间丰富自己的综合知识，为毕业后的工作打好坚实的基础，明确自己工作和人生的方向。

　　希望以后的你们，都能在设计相关的工作中，展现属于自己独一无二的光彩，成为长职人的骄傲和榜样！

拿到长沙职业技术学院录取通知书的那一天，罗启鸣至今还历历在目，全家人的笑容仿佛都要溢出来。

罗启鸣是一个从湘西北山区慈利县走出来的孩子。慈利县属于原省级贫困县，教学质量、教学条件比起大城市无疑差了很多。从小家里条件就不好，父母唯一的希望就是罗启鸣能够考出去，所以即便家中条件再困苦，父母对罗启鸣的教育培养都是能满足的尽量满足，并且对他要求十分严格。

父母告诉他，一定要去大城市看看，而考出去是唯一的出路。

罗启鸣坚持自己的梦想，用行动证明自己所有的坚持和努力都没有白费。从一个默默无闻的设计学徒，到室内设计师，再到拥有属于自己的装修公司，再到装修公司在当地小有名气，罗启鸣无疑是成功的。

内心总有一种信念在支撑着自己

前人云：人不读书，则尘俗生其间，照镜则面目可憎，对人则语言无味。

罗启鸣认为，读书是门槛最低的事，不需要华丽的身份，不需要很多的金钱，甚至不需要很大的空间。但同样，读书又是门槛最高的事，它需要你能够独立思考，也需要你为之付出宝贵的时间。

在校期间，罗启鸣除了按时上下课，待的时间最多的地方便是图书馆。他是学弟学妹口中的优秀学长，是同学眼中的好同学，更是老师眼中的好学生。

大三罗启鸣去一家装饰公司实习，什么都不懂，公司的一些前辈总会出一些难题让他自己解决，他明显地感觉到自己跟不上节奏。有一次大冬天，他跟着老设计师量房，但是由于是新手，记录得不是特别详细，晚上又独自一人去把房量了，把数据填好。

通过这次实习，罗启鸣明白了理论和实践的差距。

第一次面对客户的提问，客户问他衣柜侧板上面封了石膏板要不要装踢脚线，没有实践经验的罗启鸣顿时就蒙了，最后求助于公司的老设计师才回答上来这个问题，自然这单也黄了。从这以后罗启鸣暗下决心，他翻阅公司已有的资料和案例，并不断地向公司设计师请教，跟设计师把关系处理好。除此之外，他只要一有空都会去工地，不懂的就问工地上的工人师傅、项目经理，其他时候就是在旁听别人谈方案谈单，包括设计的手法/形式、施工工艺、装饰材料、客户的沟通等。罗启鸣慢慢地成长起来，专业知识在不断丰富，技能也在不断提升。半年时间，他就被另外一家装饰公司高薪聘走。

罗启鸣在工作过程中，不断学习和积累经验，不怕累不怕苦。但是，他也有觉得看不到希望的时候，也有感觉到无助和彷徨的时候。深夜一个人想方案，做图纸，改过了无数遍的方案和图纸，总是得不到客户的认可，或者明明已经跟客户协商好了的设计图和方案，在最后总会被各种理由推翻。

当时，罗启鸣每个月拿着1500元的底薪，也没多少提成，刚刚够交房租和吃饭。他看着身边的同学都陆陆续续地转行了，慢慢坚持下去的越来越少，到最后也就两三个，顿时感觉自己的未来遥不可及。他认识到做设计需要学的东西太多，不仅仅是画几张图纸，或者是设计一个方案，跟客户的沟通，材料的种类和特性，施工的工艺及优缺点，色彩的搭配，灯光的布置，人体工学等，有的时候还会涉及管理、营销。

罗启鸣觉得自己要学的太多，也不知道自己能坚持多久，但是内心总有一种信念在支撑着自己，他总是告诉自己再坚持一下、再等等，一定会成功的，千万不要放弃。

装饰行业是非常辛苦的，有次在冬天最冷的时候爬楼梯到32楼的毛坯房量房，没有窗户，风也很大，手都冻得拿不稳笔。但他还是坚持仔细量好每个尺寸并加班加点做好设计方案。也有被客户否定，被领导责备的时候，但是罗启鸣从来都没有退缩过。

他一直记得自己曾经的梦想，那就是创办一家属于自己的装修公司。

⛵ 在梦想的道路上砥砺奋进

2013年年底，罗启鸣毅然决然地辞去当时的高薪工作，回到了张家界老家和自己的高中同学一起创业，成立了张家界红桃伍装饰工程有限公司。

这对罗启鸣来说是一个起点，同时也是一个转折。

由于没有创业经验，罗启鸣遇到了各种问题，如请不到合适的设计师、新装修公司没有客户，名气没有打响导致公司一度难以运营，等等。除了设计、业务、材料供应、技术支持等问题外，还有各种人际关系需要处理。

面对种种困难，罗启鸣丝毫没有退缩，他不断学习，进行市场调查，了解客户的需求以及四处寻找好的设计师。在经历了各种挫折和困难后，公司业务慢慢多了起来，而罗启鸣也更加有动力去做好自己的工作。

随着公司的知名度越来越大，公司也从原本的100多平方米的场地换到400多平方米的场地，罗启鸣买了车，买了房，结了婚，生了子，可谓是家庭事业双丰收。

从2013年到2018年，5年的时间，罗启鸣不断积累资源，公司拥有了年轻一代的设计师数名以及专业的施工团队，并一直以专业的设计、专业的施工和高品质的售后服务为宗旨，做好每个良心工程。

2018年11月，由于合作伙伴的原因，罗启鸣注销了之前的公司，红桃伍装饰工程有限公司注册成为鸣仁家装，以全新的经营理念出发，继续在梦想的道路上砥砺奋进。

罗启鸣说："梦想一定要有的，万一——不小心实现了呢？"

雷锋日记

我要积极肯干，做到说干就干，干就干好，脚踏实地、实事求是地干，千方百计地干，扎扎实实地干，一定要把事情办好。

——1962年2月19日

案例点评

罗启鸣坚持梦想、积极行动，克服了重重困难。民生在勤，勤则不匮。辛勤劳动、自我挑战、自我超越是成功者的必然选择。

光辉是汗水汇成的晶莹

导读

从永州的乡村走来，在一个陌生的城市；

由一千元一个月的实习生，到湖南省苹果装饰设计工程有限公司市场主管；

由不爱说话的"社恐"，到湖南德工装饰设计工程有限公司市场营销总监。

宝剑锋从磨砺出，梅花香自苦寒来。

如今的光辉，是多少汗水汇成的晶莹，只有周辉自己知道。

名片

周 辉　　1991年3月　　男

湖南苹果装饰设计工程有限公司市场主管
湖南德工装饰设计工程有限公司市场营销总监

原班级专业：环境艺术设计专业1308班　　学制：三年

在校学习时间：2013年9月—2016年7月

校友寄语

我想对学弟学妹们说，这个时代除了要"拼爹"，更重要的是要拼自己。

自己不仅要专业能力硬，沟通能力也一定要强。

第一印象很重要，道德素质以及适应能力也同样重要，这个社会千变万化，学弟学妹们要全面准备主动地融入社会。

⛵ 承载整个家庭的希望

"在一个陌生的城市，没有高学历，没有背景和人脉资源，想要有所作为，唯有勤奋学习。"周辉说。

周辉出生在永州，小学一年级的时候，家里发生了意外，父亲丧失了劳动能力，生活来源全靠母亲一人。儿时的周辉除了上学之外，更多的是要帮家里做一些力所能及的家务活。这样的情况一直持续到他高中毕业。

2013年，接到录取通知书时，周辉的内心是万分纠结的，父母更多的是希望他能够挑起家里的重担，放弃自己的学业，打工补贴家用。周辉虽出身寒门，却胸怀大志。最终，父亲用颤抖的双手递给他一张银行卡，卡片非常轻，可是拿在周辉的手中却无比沉重。

他知道，他拿着的不是卡里面的这几千块钱的学费，而是承载着他们整个家庭的希望。

入校的第一件事，周辉去图书馆借了三本厚厚的专业书籍，每晚学习到凌晨。等到书看透后，周辉想到了实操。

他利用周末的时间外出兼职，最开始是从发传单开始做，一天50元钱，在大马路上一站就是8个小时。他几乎没有过过周末，就这样他靠自己赚的钱淘了一台二手笔记本，通过自己学习的理论结合电脑实操，仅一个学期他就熟练掌握了专业软件的运用。

周辉一直是一个懂事的孩子。上学期间，他处于半工半读状态，生活费都是通过自己的双手去挣得的。当同学们还在休息的时候，他六点钟就起床了。当时学校门口只有一辆916路公交车，兼职的地方不固定，他每次都要坐到汽车西站，然后往长沙各个地方跑，找兼职做兼职，轮轴转。光是在公交车上花费的时间，每天都要好几个小时。晚上，周辉踩着门禁回学校，然后继续学习专业知识。

说到这，周辉有些自豪，因为做兼职的经历，长沙被他跑了个遍。

他还说，路是自己选择的，即便前路再艰辛，也要走下去。

⛵ 为以后的创业奠定基础

大二暑假期间,周辉通过一个朋友,加入常德喜来登酒店装饰项目。

每天,他在师傅之前到达施工场地,在满是灰尘与刺鼻气味的环境中一待就是一天。工地上灰尘多、油漆味儿也大,一开始周辉还不太适应,但是好学的他坚持拿着图纸对照施工现场,仔细观看学习,师傅们量尺,他就帮忙连线,师傅们画图,他就跟着师傅们在办公室学习。

通过学习,周辉发现电脑上画的图纸和工地上施工是两回事,最终还是要以工地施工为准。回学校咨询老师才知道,电脑上画出来的图纸,最终还是要根据现场施工来定义。

当时项目只提供住宿,伙食是不管的,有时候忙起来,周辉在工地一待就是好几天,饿肚子是常有的事。

这样一段经历,为周辉以后的创业奠定了基础。

站在客户的角度想问题

大三下学期实习的时候,周辉加入苹果装饰设计工程有限公司(以下简称"苹果装饰")。

实习生工资只有一千元,而且一拿就是六个月。

刚进去的时候竞争压力大,周辉下班时间一般是夜里12点到凌晨1点,有的时候甚至跟客户聊到凌晨两点多才睡觉。一个客户可能需要花上好几个月的时间才能将合同签好,周辉的手机里面存了几百个电话,有时候甚至需要同时跟十几位顾客沟通。

周辉印象最深的一件事情是有一次下班太晚,凌晨1点左右从五一广场走路回河西的西湖公园。

还有,他甚至还吃过一个月的馒头。

从事销售的人都知道,进公司最开始往往是从电销开始做起来的,周辉也不例外。刚进苹果装饰的时候,每天电话量要达到500个以上,除了吃饭喝水,他每天所有的时间都花在了打电话上面。其间也有被拒绝、被骂的时候,甚至也有过自我怀疑的时候,觉得自己是不是不适合做这份职业,但是冷静下来换种思维想想,周辉又会自我检讨,是不是自己工作的方式方法不对。

就这样不停摸索下来,周辉对电销有了自己不一样的理解。他认为,首先要把态度摆在第一位,先站在客户的角度想问题,自然也会获得客户的信任。

最终,2015—2017年,周辉成为苹果装饰设计工程有限公司的市场主管。

相信命运掌握在自己的手中

2018年由于苹果装饰的内部原因,周辉进入湖南省德工装饰设计工程有限公司,担任市场总监一职。

本以为学好专业就能成为一位设计师。入职后,周辉才认识到,学好专业知识是一方面,语言表达与沟通交际能力也很重要。而周辉本身是个比较内向的人,不怎么爱说话,正是这一点也成为他销售的短板。

周辉总结出职场上的两个发展方向：第一个是与人打交道；第二个是与事打交道。人与事，他选择了前者：在公司中做出优异的业绩，体现出自身价值，从底层营销员到主管，再到营销总监。三年管理经历，他积累了丰厚的经验，结交了很多朋友。

周辉始终相信命运是掌握在自己手中的。

雷锋日记

　　困难里包含着胜利，失败里孕育着成功，革命战士之所以伟大，就是他们能透过困难看到胜利。

——1960年1月12日

案例点评

　　爱岗敬业、刻苦钻研，善始善终，持之以恒，让周辉最终闯出了一片天地。

像胡杨一样扎根，像雪莲一样绽放

导读

"决战狂沙同月醉，如花秋叶惹人怜。"
这是扎根边疆、笑傲沙漠的胡杨。
"笑迎岁月身边过，喜唱凌云戈壁生。"
这是像胡杨一样的西部志愿者谢凌志。
脚踏实地，无私奉献；勇于承担，不断成长。
像胡杨一样扎根高昌，让志愿精神像雪莲一样在高昌绽放。
这是谢凌志的坚守。

名片

谢凌志　　1996年2月　　男

共青团吐鲁番市高昌区委员会副书记兼党务专干

原班级专业：汽车电子技术专业2014级奔驰班　学制：三年

在校学习时间：2014年9月—2017年7月

校友寄语

我们这一代，是跨世纪的新时代青年。我们将永不屈服困难，永远保持奋斗，哪怕前路只有微光，也会充满前行的希望。

从五湖四海来，到天南地北去。

不管走到哪里，不管在什么岗位，让我们继续填好人生的履历表，交出事业的优秀答卷，为母校的旗帜增辉添彩。

谢凌志，2017年7月毕业于长沙职业技术学院汽车电子技术专业。

在校期间加入中国共产党，荣获国家励志奖学金等各种奖项，2017年6月被评为湖南省优秀毕业生。

2017年，谢凌志参加大学生西部计划，现服务于吐鲁番市高昌区团委。

做好"加法"，树立新时代西部计划志愿者无私奉献良好形象，在志愿服务中，不遗余力、尽心尽责

谢凌志始终把对党绝对忠诚放在首位，不断提高思想认识和政治站位，树立"四个意识"、坚定"四个自信"、坚决做到"两个维护"。

他学习习近平总书记关于青年工作的重要思想，听取优秀共青团员代表思想心得，接受各级团委领导的谆谆教导，学习了新知识、了解了新技术、开拓了新视野，不断完善自身的知识体系和综合素养，明辨是非本末，找准成长方向，聚焦落实总目标的责任感，政治坚定性得到了提升，政治思想觉悟得到了升华。

增加了志愿者业务过硬的本领能力。

谢凌志始终坚持服务大局不动摇，牢固树立终身学习的理念，自觉加强新知识、新形势、新政策、新理念的学习，发挥岗位优势，坚持学在经常、用在日常。在葡萄节、杏花旅游季期间，谢凌志充分发挥志愿服务精神，主动承担对接协调工作，为活动顺利进行贡献了一份青春力量。

增加了志愿者责任过硬的担当意识。

谢凌志始终以"敢于担当、敢于负责"的担当精神严格要求自己，积极发挥团支部书记作用，关注跟踪新志愿者的思想动态和生活状态，对不适应高昌区气候环境、饮食习惯、工作压力的，及时谈心谈话，进行心理辅导，抽出时间给他们做家乡菜，做到思想上关心、生活上关爱，确保了志愿者人心稳定、队伍稳定。

增加了志愿者纪律过硬的自律意识。

谢凌志牢固树立大局意识、集体意识，识大体、顾大局、讲原则，无条件服从组织安排，在工作和生活中始终严格要求自己，严格执行请销假制度、考勤制度，凡事做到提前请示报告。

增加了志愿者作风过硬的实干精神。

谢凌志认真践行"有令必行、有禁必止，脚踏实地、真抓实干，善作善成、务求实效"的新作风，学雷锋日期间，为大清早辛勤工作在基层一线的交通警察、人民警察、环卫工人送去了"爱心早餐"，让他们感受到党和政府的温暖，同时也弘扬了志愿服务精神。

服务期间，谢凌志获得了2017—2018年度全国优秀志愿者荣誉称号；所写微信公众号文章被《吐鲁番日报》3次采用。

做好"减法"，树立新时代志愿者忠诚担当良好形象，减去了志愿者的暂驻心思

谢凌志摒弃来玩一玩、看一看、转一转的心态，真正沉下心、俯下身、扎下根，以扎根新疆的主人翁精神坚守在工作岗位，把志愿服务西部的美好初心落实到了每一个工作细节上，用心、用情、用力做好每一件工作，确确实实为高昌做贡献，为人生增添一抹亮色。

通过认真学习领会以习近平同志为核心的党中央的治疆方略，特别是社会稳定和长治久安总目标，谢凌志从一开始不理解新疆高强度工作节奏、与其他志愿者比"休息"，到后来清醒认识到当前反恐维稳形势，真正理解了全区干部苦干实干、落实总目标的重要意义，坚决投身到反恐维稳的洪流中，主动参与、勇于承担各项工作，自觉把吃苦当享受，把奉献当追求，"5+2""白加黑"，展现了志愿者的良好品格。

减去了志愿者的特殊心思。

谢凌志从不以志愿者身份特殊对待自己，坚决以一名真正的新疆干部来严格要求自己，决不放松标准，紧紧围绕中心工作，以"驰翰未暇食，日昃不知晏"的精神，以"身在兵位，胸为帅谋"的服务意识，做好共青团的各项工作。

服务工作的质量和水平显著提升。

全年谢凌志参与各基层团组织的活动30余场，同时联系高昌区第一小学和第一中学，共同督促、指导、学习。精心组织、服务全区各项活动，组织活动

10余场,参与筹备承办区级各类会议、各类大型活动8场次,做到忙而不乱、有条不紊、万无一失。

奉献,是一种精神;服务,是一种信念。

作为一名西部计划志愿者,要坚定服务西部、报效祖国的远大理想,把维护祖国统一、落实总目标、促进民族团结作为第一要务,以扎根新疆的主人翁精神坚守在每一个岗位上,把志愿服务西部的美好初心落实到每一份工作上,克服远离亲人故土的孤独,在思想上、行动上自觉发扬"奉献、友爱、互助、进步"的志愿精神,初心不改、矢志不渝,忠于职守、乐于奉献,为筑牢高昌区社会稳定和长治久安的钢铁长城"添砖加瓦"。

不是所有的花都能在雪山上绽放,但雪莲做到了。

不是所有的树都能在戈壁上扎根,但胡杨做到了。

愿谢凌志和他的兄弟姐妹们像胡杨一样扎根高昌,让志愿精神像雪莲一样在高昌绽放!

雷锋日记

我要把我可爱的青春献给祖国最壮丽的事业。

——1960年11月×日

案例点评

谢凌志感恩与奉献,毕业后毅然来到祖国西部,满腔热情回报社会,使他的人生更加充满价值。

绿叶对根的情意

导读

他打造了长沙中高端豪华汽车护理连锁品牌。

他没有忘记母校,带领校友一起创业,给特殊教育的聋哑学弟学妹们提供实习工作平台。

"不要问我到哪里去,我的心依着你。"

他是一片绿叶,无论停在哪片云彩,他的目光总是投向母校。

这是绿叶对根的情意。

他是自己艰苦创业还尽力帮助校友的贺炯。

名片

贺 炯　　1991年6月　　男

长沙宝悦宝马汽车服务有限公司车间组长

湖南嘉鸿汽车服务有限公司经理、合伙人

原班级专业:汽车运用技术专业0905班　　学制:三年

在校学习时间:2009年9月—2012年7月

校友寄语

　　大学是人生最美的旅程,也是人生中成长最快的一个阶段,把握好这段年华才能为将来打下坚实的基础。刚刚踏入大学校园的你们,需要明确的是,大学提供了大量自己可支配的时间,是完善自我的最好时机,要合理利用时间,充实自己的大学生活。

　　希望学弟学妹们从开学第一天起,就不断努力,逐步找到和实现自己的价值。大学期间还要处理好与老师、同学之间的关系,慢慢领悟为人处世之道。当你步入社会时,大学期间所培养的品格和积累的经验,都会帮助你走得更好、更远。

世界这么大，机会这么多，风华正茂的大学生没有谁不想干一番事业。可多年以后，有些人依旧还是停留在梦想阶段。

不少人会把自己的平庸或者失败，归结为没有好运气。

到底是什么决定了成功与失败？

或许，我们能从这位从就业到创业、白手起家不到7年就和朋友共同创办了湖南嘉鸿汽车服务有限公司的校友贺炯身上，感悟出一二。

努力学习，全面发展，实习机缘巧合入宝马

贺炯出生在一个普通家庭，没有过人的天资。高考后凭着对汽车专业的喜好，来到了长沙职业技术学院。

通过自己的努力成就一番事业，一直是贺炯的梦想。然而怎样实现这个梦想，对于当时的他，实在是毫无头绪。

在一次课上，老师告诉大家，在大学期间一定要做好职业规划，并分享了很多优秀青年就业创业的典型事迹。贺炯那个时候才知道，毕业后除了就业，还有广阔的创业空间。

于是，贺炯开始制定个人发展规划，并把目标分解到每年、每学期、每个月、每周，使自己在学习、班干部工作、社会实践、身体素质等方面都有所突破。

为此，贺炯每两周读完一本专业教材和两本参考图书；每天的课余时间主动到实训室动手实践；每天坚持1小时的晨跑，每周打一次篮球。

贺炯深知，将来要创业光有各方面的知识储备还不够，还得有交际能力、组织能力和领导能力。于是，贺炯积极参加班干部竞选，并成功担任班长，还参加了学生会、团委的各项活动，多次获得了"优秀班干部"等荣誉称号。

在周末、寒暑假，贺炯还坚持到汽修企业兼职，学习专业技术，了解市场行情，结识朋友，并有幸进入长沙宝悦宝马汽车服务有限公司实习。

这些都为贺炯此后的创业打下了坚实的基础。

⛵ 同合伙人艰苦创业，打造中高端豪华汽车精修、护理连锁品牌

创业之初，没有资金，贺炯就与朋友合伙，实现利益共享，风险共担。

没有客户，贺炯就通过早前积累的人脉资源，凭口碑吸引客户。

没名气，贺炯就发挥年轻人的网络技术优势，做公众号推广。

这样，很快就收到了明显的效果，短短几个月，很多中高端豪华车的车主都成为企业的忠实客户。

贺炯同合伙人创办的企业迅速发展成长沙有较高知名度的中高端豪华汽车精修、护理连锁品牌店。

⛵ 稳中求进开分店，带领校友一起创业，给特殊教育的聋哑学弟学妹们提供实习工作平台

贺炯一步一个脚印，踏踏实实创业，兢兢业业、勤勤恳恳做事，通过不懈努力，实现自己的人生价值，但他从未忘记自己的母校。

贺炯常说："我之所以能走到今天，是因为母校培养了我，我要尽自己所能回报母校。"

目前，贺炯带领校友一起创业，还成立了分店，每年为母校汽车运用与维修专业毕业生提供机电检修实习实训岗位，为特殊教育汽车美容方向的聋哑学弟学妹们提供实习工作平台。

贺炯说，自己最幸福的事，莫过于实现不忘初心、回报母校的承诺。

雷锋日记

无论什么时候都要关怀、爱护人民群众的利益，为人民群众的利益而战斗不息。

——1961年3月3日

案例点评

贺炯踏踏实实创业，成功后不忘回报母校，服务听障生实习就业。宽厚仁爱的品质让他创造出丰盈的人生价值。

心唯大我育青禾

导读

他相信"钉子精神":一个是挤劲,一个是钻劲。

他相信善良,相信希望,相信每个人都献出一点爱,这世界就是最美的乐园。

因为相信,所以专一:30年扎根教师岗位,还主动到贫困山区支教。

因为相信,所以专业:凭扎实的专业知识、先进的教学理念、灵活的教学方法、精巧的教学设计,成为支教队伍中的一面旗帜。

他是"感动浏阳十大魅力教师"之一的汤信专。

名片

汤信专　　1972年10月　　男

浏阳市洞阳镇初级中学教师

原班级专业:普通师范教育专业865班　　学制:三年

在校学习时间:1986年9月—1989年7月

校友寄语

人生最可贵的两个词:一个是自律,一个是坚持。自律的人不断地改变自己,坚持的人不断改变人生。愿长职院的学弟学妹们能在自己的人生道路上做到自律和坚持。

他是默默耕耘的"乡村教师"：47岁的他，任教30年来，矢志不渝地扎根乡村。浏阳中洞小学、九溪完小、龙洞小学、砰山中学、坪头山中学、礼耕小学、水山小学、汤家坨小学、新邵洪溪学校、潭溪镇中学，一所又一所的乡村学校留下了他的足迹。

他是无私奉献的"支教队长"：从2017年9月开始，他无怨无悔选择赴新邵县支教，每周往返浏阳、新邵之间。2年多来100多次的往返，总计1000多个小时的长途奔波，6万多公里的行程，他用爱点亮贫困山区孩子们更多的梦想。

他是样样精通的"多面能手"：自1989年7月参加工作以来，他先后在浏阳市和新邵县的多所学校担任过班主任、少先队大队辅导员、教导主任、教科室主任、办公室主任、校长等工作，在平凡的工作岗位上做出了不平凡的成绩。

他是充满爱心的"优秀义工"：2009年，一场事故差点夺去他的生命，此后，他便暗下决心，要努力回报社会。8年来，他参加志愿服务200多次，参与无偿献血6次、多达2300毫升，捐资助学、爱心众筹帮助近百人，个人捐款和筹措资金共计数万元。

他便是"老园丁"汤信专。

在他身上，还有很多这样闪闪发光的"标签"。有人称赞他"伟大""无私"，也有人说他"傻""痴"。对此，汤信专总是一笑了之。他说，自己只是默默做好每一件"小事"，甘作"小草"吐芬芳，用爱心、责任、奉献、向上，感染着越来越多的人。

2019年，汤信专被评为浏阳市第三届"感动浏阳十大魅力教师"，入选了2019年第二季度"长沙好人，身边雷锋"和由湖南省教育基金会主办的"2019年度湖南最可爱的乡村教师"候选人。

一场事故，引发人生新思考

汤信专说起话来，声音洪亮；走起路来，更是气势十足。

令人不敢相信，如此雷厉风行的他，脸上有12块钛板，左大腿处也有一根一尺多长的钛钉。

这是2009年的一场事故留下的"印记"。

2009年8月，汤信专在建房时，不小心从屋顶摔下，生命垂危，在重症监护室昏迷了四天四夜。当他苏醒过来，便暗下决心，上天给了自己第二次生命，今后一定要多做善事，回报社会。

从事教育工作30年来，汤信专就像一颗钉子，一直默默耕耘在乡村教师的岗位上，就像一棵小草，深深地扎根泥土，默默地吐露芬芳。那场事故之后，他更是积极投身于公益与支教事业之中，书写了人生更多的意义与精彩。

扎根乡村，默默耕耘30载

汤信专从湖南浏阳师范学校865班毕业后，被分配到了浏阳市洞阳镇（原砰山乡）中洞教学点，成为一名光荣的人民教师。

这是一所偏远的山区小学，条件简陋，交通闭塞。由于贫穷、观念落后等原因，辍学现象十分严重。

为了让孩子们能读到书、读好书，汤信专毅然将家里的重担交给了母亲，自己则以校为家：白天，他备课、上课、批改作业；晚上，他走村串户家访、劝学；课余，他耐心辅导，不让一个孩子掉队；寒暑假，他动手整修学校。

为了能让山里的孩子体验升国旗的仪式感，他用毛竹缠上从缝纫机拆下来的木滚子，做了一根特殊的旗杆。为了丰富学生的大课间，他到其他小学录好课间操音乐，带着学生一起锻炼……

两年后，因为工作需要，汤信专调到浏阳市九溪完小担任教导主任。调走的那一天，家长和孩子们饱含热泪，依依不舍，送了一程又一程。

此后的30多年，汤信专一直扎根农村：从一名普通教师，到教研组长，到教导主任，再到小学校长，他简直就是"多面能手"，哪所学校教学薄弱了，哪个岗位上没人，找他准没错。

在教学上，他教过中学历史、语文，也教过小学数学、语文，尽管是跨学

科、跨学段，他却勤于钻研，做到每一个科目都教得得心应手。

每到一所学校，每教一个班级，汤信专都和学生打成一片。

苏俊勇于1993年从浏阳市洞阳镇砰山中学毕业，至今还对汤信专独特的上课方式印象深刻，"那时候，我们最喜欢的就是汤老师的历史课了，大家都爱听他讲故事，他会将很多历史事件进行融会贯通，而且站在新时代的角度上进行分析。这种讲课的方式很吸引人。"

在苏俊勇心中，汤信专不仅是一位好老师，更是自己的"恩人"。

当时，苏俊勇的父亲去世，母亲体弱多病，在这种情况下，他几次产生了辍学的念头。得知这一情况后，汤信专二话没说，拿出微薄的工资替他交学费，并经常给他送一些衣物，带他到家中吃饭。

几年后，苏俊勇终于考上大学，毕业后成家立业，小有成就。在他心中，一直对汤信专怀着深深的感恩。

无怨无悔，远赴新邵支教

2015年，浏阳市出台了支教政策。汤信专一看到就立即报名了。无奈当时女儿正值高三，在家人的极力劝说下，他暂时放弃了。

两年后，听说新邵县有学校缺历史老师，学历史出身的汤信专再次主动请缨支教。家人虽有些不舍，但深知他脾气"倔"，只好支持。

2017年9月，汤信专正式踏上了支教之路，开启了新邵、浏阳两地奔波的日子。

刚开始，汤信专任教于新邵县坪上镇洪溪学校。2018年8月，他调到新邵县潭溪镇中学支教至今。

汤信专的到来，就像是一股清风，从浏阳吹向了新邵。

凭借着扎实的专业知识、先进的教学理念、灵活的教学方法、精巧的教学设计，他成了支教队伍中的一面旗帜。2018年秋季，他被长沙市教育局任命为浏阳支教队队长。

"支教是我无悔的选择。为何会做出这个选择？其实我的想法很简单，就是希望为相对闭塞的地区送去先进的教育模式、理念和方法。"汤信专笑着说。

支教的日子，汤信专每天的行程很简单：早上5:30自然醒，洗漱完毕，花半个小时构思和写作早安心语，并分享到朋友圈。上午备课，下午上课，晚上和其他在新邵支教的老师一起做饭。晚饭后回家，给中风后被他接到新邵悉心照顾的妻子煎药。之后，还要在一个公益群里进行收款统计。

因为父亲患有20多年的腰椎间盘突出，汤信专每周五下午要回浏阳，送父亲去浏阳市沿溪镇一家诊所进行治疗，周一上午再回到新邵。考虑到自己开车不经济，汤信专都是和别人拼车。新邵和浏阳相距近300公里，每次往返需要8个小时。

日复一日，奔波于新邵、浏阳之间，操劳于课堂和家庭之间，虽然辛苦，但汤信专却从不觉得累，脸上永远挂着乐观的笑容。

在新邵支教时，汤信专还在洪溪学校和潭溪镇中学各资助了一名学生。

"他们都是失去父亲的孩子，是'事实孤儿'。我除了给予他们一些经济资助,更多的是给予他们陪伴,做他们的'陪伴家长',让他们感受到家庭的温暖。"汤信专说。

无私奉献,热心公益大爱无疆

工作之余,汤信专最大的"爱好"就是做公益活动了。扶贫、献血、献爱心……他的身上,深深烙印着"浏阳义工"的忙碌与热情。

汤信专是浏阳市洞阳镇公益志愿服务中心的创始人和负责人之一。2017年,汤信专被评为浏阳市优秀义工。

不仅自己热心公益,他还用实际行动感染了身边很多人。

雷明曾是汤信专的学生,毕业20多年了,在汤信专的感染下,也成了一名义工。2018年,汤信专带队志愿者一行要去浏阳市永安镇看望贫困学生,雷明临时有事,就让妻子代替去了。妻子从永安回来后,雷鸣问她此行感受,她就回了一个字:值!

第二天,雷鸣的妻子就报名加入了浏阳市洞阳镇公益志愿服务中心。

在新邵县坪上镇洪溪学校任教时,汤信专发现当地公益的氛围不是很浓厚,他便将该校的两名老师带到浏阳,一起参加了几次公益活动。对于新邵的老师而言,他们在这些经历中受益颇多。他们回去后,将这种模式带到了当地。

"汤老师是一个很有爱心和恒心的人,是我们学习的榜样。"浏阳市洞阳中学党总支书记高鹏曾与汤信专共事3年,说起往日感慨颇多,"那时我们刚工作不久,一个月工资只有百来块钱,他就经常资助学生。有时候我们去家访,他还会帮学生挑柴到学校,用来帮学生抵学费。"

"公益就是我的第二生命,现在走到哪别人都知道我是公益人,这让我感觉很光荣。"汤信专说,自己虽然从2009年摔伤后,前前后后动了四五次手术,但目前感觉身体还可以,"只要我身体可以,我就会坚持将公益做到底!"

如今,暑假已经来临,按理来说,辛苦了一学期,终于可以好好放松一下,可汤信专却不,他的暑假早就安排得满满当当:准备带着结对帮扶的贫困孩子到长沙参加夏令营,此外还将进行准大学生走访。

这便是汤信专，如同"钉子"一般坚韧、"小草"一般顽强的汤信专！

正如他自己所说：我就是一颗钉子，只要面前有一块木头，我就会越有压力越往里扎下去。我就是一棵小草，只要有一点泥土，我就会努力向上生长。

是的，无论走到哪里，他都深深地扎根泥土，尽情地散发清香！

雷锋日记

一个人的作用，对于革命事业来说，就如一架机器上的一颗螺丝钉……螺丝钉虽小，其作用是不可估量的。我愿永远做一个螺丝钉。

——1962年4月17日

案例点评

汤信专扎根乡村教育30载，甘当一颗"螺丝钉"，投身于公益与支教，用责任和爱心书写了人生的意义与精彩。

为『美』而生，向『美』奔跑

导读

她是爱美的，不仅把自己打造得很美，也努力帮助别人变得更美。

不仅外貌，还有心灵。

"各美其美，美美与共。"

是智慧，是能力，更是胸襟。

让自己的顾客美起来，让自己的员工富起来，让自己的前程亮起来。

她是宇杰医疗美容集团董事长邓建辉。

名片

邓建辉　　　1974年9月　　　女

宇杰医疗美容集团董事长

原班级专业：财务会计8班　　学制：三年

在校学习时间：1994年9月—1997年7月

校友寄语

我要感谢学校所有领导和老师，是他们给我开启了智慧之门、经商之道，让我受益终生。

我为母校的发展感到骄傲和自豪，祝愿我们的学校越来越好。

邓建辉，湖南郴州人，初中就读于郴州悦来中学。初中毕业时的她，见识、想法都相对懵懂，当看到很多人前往广东打工时，她便也想着前往，于是选择辍学去打工。

初中文化水平的她，只能在流水线工作。在广东待了一个月之后，邓建辉深深认识到，没有文化是不行的，于是又回到了长沙，考入了望城八中（现在的长沙职业技术学院）。

在八中的三年时间里，邓建辉刻苦学习，立志不断提高自己，做一个平凡且优秀的人。

学习、积累、挑战，即使面对失败也不害怕

毕业后，邓建辉通过自己的努力，成功进入了一家比较有名的外贸公司——雅芳。当时，雅芳外贸公司做的是化妆品行业，邓建辉没有任何的工作经验，但是她愿意努力，敢于尝试、敢于付出。

工作不久后，邓建辉参加了第一次培训主管竞选。虽然是新人，对公司不是很了解，也没有多少工作经验，但通过自学与不懈努力，邓建辉却以绝对实力战胜其他候选人，顺利成为公司的培训主管。

邓建辉在雅芳工作了十年，对她来说，既是学习，也是挑战。

1999年的一天，邓建辉前往凤岗镇出差，晚上11点回东莞市分公司的时候，没有了大巴，无奈之下坐了一辆中巴车。当时的中巴车经常会遇到"卖猪仔"（"卖猪仔"通常形容乘坐某交通工具，结果没到目的地就在半路被赶下车，或被安排到其他地方的现象），那一次她印象特别深刻，果然最后到了一个不熟悉又没有车的地方被赶下车，导致她走了一个多小时才回到家，路途中还不幸遇到了打劫。

但是，邓建辉并没有因为遇到困难而退缩，而是加倍努力，不断告诉自己一定要给自己一份更美好的未来。

2004年，邓建辉结婚了，当时的她爱情、事业双丰收。老公在北京，自己

在广州，两个人因为事业走到了一起。2005年，她跟老公权衡利弊后决定还是尝试自主创业。

⛵ 善良、勤劳、担当，向着人生幸福再出发

2012年，邓建辉在深圳创立宇杰医疗美容集团。2016年，邓建辉将公司搬到了长沙汽车西站，后来又搬到了梅溪湖步步高附近。

邓建辉一直以来是个爱"美"的女人，同时她也想把健康和美分享出去。

在从事美容行业的过程中，邓建辉遇到过各种各样的客人。有一位客人，让她感触特别深。客人是个全职太太，随着事业的不断扩大，这位客人的老公却慢慢忽视了她的存在，最后导致婚姻失败。邓建辉以朋友的身份不停地安慰，最后开导了客人。

在雅芳的十年也是跟美容护肤品打交道，邓建辉想着自己经历了这么多，自己最喜欢的还是跟"美"有关的行业。她认为，美是个永远不过时的行业，这个时候的她跟以前不一样了，觉得这才是她的事业。她说：不管什么样子的女性，一定要学会爱自己，保持身体和心灵健康。

妈妈一直告诉她，人一定要善良和勤劳。所以，邓建辉工作以来，一直奋斗在一线。作为公司董事长，邓建辉总会亲自跟顾客联系，了解顾客的需求，根据顾客的需求做出自己的选择。她是个非常善良的人，当了解到自己家乡的一位老人患了尿毒症，每个月都需要定期注射药物，于是便默默伸出援助之手。

邓建辉还是一位非常负责任的老板。她说："我一定要让我的员工在宇杰三年内能富足起来，大家都买得起车、买得起房。"说到这里，她觉得很骄傲，因为她的员工们一直都兢兢业业，永远带着激情为顾客为公司服务。她说，只要来到宇杰的人都是自己人。

邓建辉经常告诉她的员工，要学会成长，要努力去学习。她自己也会利用休息时间出去学习。她说自己是一个非常容易满足的人，在以后的生活中，不管是服务员工，还是服务顾客，只要她能做的都愿意去做。

现在，宇杰医疗美容集团已经在杭州和贵州有了分公司，同时也在福建有了代理商。

为"美"而生，向"美"奔跑，这是邓建辉的真实写照。

雷锋日记

一朵鲜花打扮不出美丽的春天，一个人先进总是单枪匹马，众人先进才能移山填海。

——1959年10月×日

案例点评

邓建辉爱美，但是不独美，向美而生，向善而生，始终把"让顾客美起来、让员工富起来"视为事业。她的勤劳和善良成就了一个美好的世界。

星星点亮她的围棋梦

导读

作为"雅人四好"之一的围棋,是高雅的,也是高冷的。

说服家长让孩子们学围棋,也必定是高难度的。

然而,梦想在每个早晨都会敲打她的心房。

所有奔向未来的理想与青春,所有冲破捆绑的热爱与坚韧,让她每天都神采奕奕,站在这需要拼搏的战场。

她是星星围棋柏家塘分校校长,欧慧萍。

名片

👤 **欧慧萍**　　📅 1999年3月　　👥 女

👔 星星围棋柏家塘分校校长

原班级专业:商务英语专业1103班　　学制:三年

在校学习时间:2011年9月—2014年7月

校友寄语

趁着年轻,有梦想就大胆去尝试;无论成功与否,至少努力过。

支持创业,但不提倡盲目跟风创业。

欧慧萍读的是商务英语专业，此专业主要从事外贸方面的工作，沿海地区的就业机会相对多一些，长沙本地的外贸公司比较少。

由于喜欢长沙这座城市、喜欢围棋，同时又喜欢与孩子们打交道，经过深思熟虑之后，欧慧萍决定转行。

要将传统文化传承下去

欧慧萍说："之所以选择围棋，是因为围棋是我们国家传统文化'琴棋书画'的一部分，但是现在很多人不知道什么是围棋，又或者知道，但不知道如何下围棋，所以我们决定和学校合作，加大力度普及围棋，让更多的孩子受益，将我们国家的传统文化传承下去。"

2017年开始创业，当时遇到的最大问题就是，大部分家长不了解围棋，不知道孩子学围棋能带来的好处，认为学围棋只是单纯的好玩。

家长不太认可，普及起来就有点困难。生源少，也就意味着收入少。公司要运营，资金这一块就需要不断投入。无奈之下，欧慧萍只好寻求家人和朋友一起解决。当时每天出去做宣传、到附近小区"扫楼"，不管风吹日晒，她始终如一。

终于，功夫不负有心人。经过近一年的努力，欧慧萍的口碑慢慢做出来了，很多家长帮忙转介绍，生源这块开始呈现不断上升的趋势。

不愿意过安逸的生活

欧慧萍本身就是一个很有想法的人，喜欢去拼搏，不愿意过安逸的生活。记得在学校的时候，只要有时间，她就会出去做兼职。她认为这样不仅可以锻炼自己的胆量，还能积累社会经验，也能为以后步入社会做准备。当时她曾有过创业的想法，只是没有找到合适的项目。

欧慧萍毕业的时候选择先就业，等有合适的时机再创业。当然，就业过程也并非一帆风顺，她陆续就职的几家都是新公司，由于资金周转不过来，出现了各种各样的问题，相继宣布倒闭。欧慧萍说，非常感谢这些公司给了她一个成长的平台，让她不断分析和总结要如何才能运营好一家公司。

2017年，欧慧萍进入了一家大公司，工作很安逸，每天按部就班。但是她觉得个人能力得不到提升，每天上班很难受，看不到未来发展的方向，于是萌生了自己干的想法。她和朋友打了一通电话，正好朋友也有这个想法，于是见面详聊，最终她和朋友决定办一家教育机构（托管+培训）。

当时，欧慧萍的朋友通过几年努力已经做到分校校长，但是不甘心，想进一步突破自我。说干就干，双方都辞掉原有的工作。那个时候正好是一年中最炎热的暑假，他们顶着烈日开始选址，最终定在开福区万国城清三小附近。地址选好了得租房子，他们算了一下身上的全部家当，加起来也就四五万元，商业楼盘肯定租不起，只能租小区的套房，看房子看了个把星期，总算定下来，找了一套六楼的房子，在2017年8月8日这天签订了合同。接下来就是装修、添置东西、布置教室。由于资金紧张，所有事情都是亲力亲为，在他们眼里当然是能省则省，每一笔开销都要花在刀刃上。

一切准备好后，接下来就开始做宣传招生。欧慧萍清晰地记得当时每天去附近小区"扫楼"，挨家挨户发单页，每天要走几百层楼，到最后腿酸得都走不了路。有时还会遭到小区物业人员的追赶和破口大骂。一个星期下来，也就接到几个咨询电话。当时心都凉了，心想该怎么办才好。

附近学校开学的时候，欧慧萍想了一个好主意：去校门口扮玩偶人，吸引家长们的注意。她不停地找家长们聊天，一个上午都顾不上喝一口水。

就这样，总算迎来了第一位家长，瞬间让创业的欧慧萍看到了希望。通过她们的不断努力，不久便招了二十来个孩子。

招进来的每个孩子，欧慧萍都用心对待，让每一位家长和孩子切身感受到机构的温暖和老师们的爱。

一个新机构，一没实力、二没口碑，毋庸置疑肯定会遭到家长们的质疑。欧慧萍说：一定要用心做好每一件事，一定要得到每一位家长的认可。当我们喊累、想放弃的时候，就互相鼓励打气，要么不做，既然做了就得坚持下去，绝不能半途而废！

这样坚持了大概一年左右，欧慧萍遇到了事业瓶颈期。由于没有自己的品牌，并且师资有限，要想做大做强很困难。于是欧慧萍决定把这个教学点转掉，继续学习。

⛵ 让更多的人感受围棋魅力

欧慧萍想：我应该老老实实找一份朝九晚五的工作，还是做点什么呢？人生的下一步棋该如何走？

思考良久后，欧慧萍在2019年5月又做了一个大胆的决定，开始第二次创业，加盟品牌——也就是现在所做的围棋事业。

为什么会选择做围棋，而不是做其他呢？一是因为早在几年前，她感受到了围棋的魅力，围棋是我国传统文化之一，而现在很多人不知道围棋是什么，又或者只是知道围棋但是不知道如何下围棋，所以需要我们把围棋文化传承下去；二是因为喜欢和孩子们打交道，所以她选择在教育行业扎根。

目前,"星星围棋"运营一切正常。欧慧萍除了要管理校区的一切事务,有时间还会教孩子们下围棋。

创业艰辛,但欧慧萍从未放弃,一直在通向梦想的道路上拼搏。

雷锋日记

　　每个人每时每刻都在写自己的历史,每个共产党员和共青团员都应该好好地想一想,怎样来写自己的历史。

——1959年12月20日

案例点评

　　欧慧萍坚持传承和普及围棋文化,在热爱的事业中坚持不懈,必将放飞理想,成就青春。

1%的智慧 + 99%的汗水

导读

下岗又怎样!

"风雨来不避开,谦虚把头低下来。"

贵州88个地级县,一个一个地跑,把绊脚石变成垫脚石。

成功的路,一步一步地走。

与国内几大电商平台合作,年销售额由原来最初的50万元,到今天的3000多万元。

那些流过的泪和汗,那些背负过的青春和责任,终于让他拥有了属于自己的一片天。

他是沈波,贵州子杨科技有限公司经理。

名片

沈 波　　1978年9月　　男

贵州子杨科技有限公司经理

原班级专业:财务与市场营销专业948班　　学制:三年

在校学习时间:1994年9月—1997年7月

校友寄语

　　天底下没有白吃的午餐,也没有掉馅饼的事情,创业没有我们想象中的那么简单,无数的成功背后是数不尽的辛酸。

　　当然,除了去奋斗去努力,最重要的还是得把握住机会,创业机遇是非常重要的。

　　我想对想创业的学弟学妹们说,在创业的道路上我们会经历很多失败,走很多弯路,甚至有时又会从0开始,这就需要我们有敢拼敢闯的精神,坚持不懈的毅力。

　　我们一定要相信自己!

沈波出生在长沙市湘江边上的一个农村家庭。初中毕业后，因家庭困难，加上自己贪玩导致成绩不好，差点辍学。开学的前两天，在同学的父亲游说下，家里才同意他来到了望城八中（现在的长沙职业技术学院）。当时认为财会与市场营销专业就业比较容易，就选择了财会与市场营销专业。

在校期间，沈波担任财会与营销八班体育委员一职。这一职务培养了沈波突出的组织能力，为沈波以后的创业打下了一定基础。

经历下岗，痛定思痛

毕业后，沈波在家乡的国有企业财务部门实习，担任会计助理。原本以为有了工作，可以好好奋斗，努力往更高的目标走去，没想到几个月后，遇到企业改制，国企变私企，沈波下岗了。

下岗的这段时间里，沈波四处应聘，想利用自己学的专业找到财务方面的工作，但是四处碰壁。

这段时间，沈波过得很消沉，当初认为，学什么专业就该从事什么职业，后来才知道自己当初的理解不透彻，任何行业都是息息相关的，这条路走不通就尝试换一条路走走。

奋力前行，喜见收获

休整了一段时间，在亲戚的介绍下，沈波进入打印机色带厂，从事外省区域色带销售，没想到在外省一待就是17年。

2002年春节一过，色带厂老板带着对色带一窍不通的沈波来到了贵阳，只用了一周时间，完成了租房子、进货、拜访唯一的一个老客户等一系列工作后，留下沈波一个人在贵阳就返回工厂了。那段时间，确实是把沈波"逼"成熟了，产品的性能不熟悉，他就去客户门店免费帮忙理货，下班也帮客户打包发货。客户慢慢地和他熟络了起来，也愿意和他聊产品。

就这样，沈波慢慢地熟悉了产品，同时也得到了客户的信任。

记得当初为了跟一个连锁商场的单，沈波一个星期去了三次才见到采购人员。他怕自己谈单没经验，硬是要厂家派其他省区域经理过来，一起待了一个星期签了单才回去。跟区域经理待的那一周时间内，沈波也没有闲着，他跟着区域经理学习如何跟客户沟通，如何谈单，慢慢自己开始尝试主动去找客户谈合作。

一年下来，沈波惊喜地看到了收获，他从原来贵州只一个客户，发展到了五十几家稳定客户。

独当一面，终有起色

正当沈波沉浸在喜悦之中时，厂家主动找到沈波，说要给他进价，让沈波自负盈亏。尽管知道会面临很大的压力，但是沈波没有丝毫犹豫就答应了。

现实很残酷：没有开店经验，产品单一，没有前期启动资金，没有人员，但沈波认为，这是一个机会，不去拼一拼永远不知道前方等待自己的是什么，即便是失败了，他也还年轻，有从头再来的"资本"。

一个月后，沈波把姐姐从老家叫过来，又从亲戚家借了五万元的启动资金，转租了电脑城一个门面。交完房租后，所剩无几。

贵州88个地级县，沈波一个一个地跑。

业绩终于有起色了。再后来，他又引进了一些新产品。

公司现在分为批发部、直销部、零售门店、财务部、配送部、售后部，并与国内几大电商平台如领先未来、晨光、得力、齐心合作，成为他们的落地服务商，年销售额由原来最初的50万元到今天的3000多万元。

对创业的感悟

沈波一直认为，创业不是梦，只要你敢想敢干，并付诸努力，就会成功。路有千万条，看你怎么走，绊脚石也有很多，看你怎么把它们变成垫脚石。带上你伟大的理想、坚持不懈的动力、不怕苦难的精神，把创业之路走在脚下吧!

有人把创业想得很简单，说你给我钱，我就会创业。

沈波通过自己的亲身体会告诉大家，其实创业没那么容易，而恰好相反，创业是一个很艰辛的历程。很多人只看到了创业者成功的一面，却没有看到他们在创业道路上背负的艰辛。

创业者们也有一个盲区，那就是盲目投资创业。有些人没从自身实际情况出发，他们眼里认为赚钱的行业便去投资。有些人没有考虑其中的利害关系，最终落得血本无归，所以说创业有风险，投资需谨慎。

想创好业，就必须要努力，俗话说得好："天下没有白吃的午餐，天上也不会掉馅饼。"在学习中你不去努力，不听课、不复习、不写作业，怎会考得好成绩呢？学习如此，创业也是如此，工作中你不去努力奋斗，不把握机会，创业之路怎能焕发光彩？

有句话说得好："成功=1%的智慧+99%的汗水"，说明在绝对的事实面前，努力才是最重要的。生下来就算是天才，不努力也是不行的。创业不是一朝一夕就可以完成的，可能需要三五年，也可能需要三五十年。只有坚持，才会有成功的希望。

坚持不懈的努力，会让你的生活充满阳光！

雷锋日记

钉子为什么能钉进去呢？这就是靠压力硬挤进去的，硬钻进去的。

——1961年10月19日

案例点评

沈波将贵州88个地级县一个个地跑，将绊脚石变成垫脚石，靠的就是硬挤硬钻的劲头，敢闯敢拼的精神。

因为『懂』得，所以轻而易『举』『成』功

导读

做事先学做人；

想学就得多问；

得人恩果千年记；

创业有风险，投资需谨慎；

以诚做人，以信立企；

"懂"得这些，并努力去做到这些，自然能轻而易"举""成"功。

他是湖南望雷测绘工程有限公司股东、湖南望雷设备租赁有限公司法人代表董举成。

名片

董举成　　1989年5月　　男

湖南望雷测绘工程有限公司股东

湖南望雷设备租赁有限公司法人代表

原班级专业：工业与民用建筑专业20班　　学制：三年

在校学习时间：2004年9月—2007年7月

校友寄语

借于他人的，一定要有偿偿还，这是诚信之本；

创业始终比打工要好；

不管做什么事情，一定要学会坚持；

在学校期间要好好学习专业知识，尽可能利用课余时间到外面去看看，实践比理论更重要。

做事先学做人

董举成,2004—2006年就读于望城八中(现在的长沙职业技术学院)工业与民用建筑20班。在学校里,董举成算是一个有点叛逆的学生,他总是有自己的思想,喜欢争一个"理"字。

毕业以后,董举成直接去了工地实习。可能在学校过惯了无忧无虑的生活,一出校门,他就遭到了严重的打击,发现自己学的知识还不够扎实,很多地方跟不上同事们的节奏。

这个时候,董举成第一次见到了自己的恩师。师傅非常严厉,不苟言笑,让人心生畏惧。进工地前,师傅给董举成上的第一节课就是"注意安全",然后让他熟读各种图集。开始,董举成还有些不服气,慢慢看到了师傅的真本事才心服口服。

实习前两个月是没有工资的,只能靠着家里给的几百元生活费维持,到后来董举成的工资慢慢地从一个月三百元涨到了五百元,这个时候的他深刻地感受到了赚钱的不容易。为了让董举成不乱花钱,师傅除了教他专业技能以外,还充当起了他的生活老师,不准董举成长时间上网,抽烟、喝酒也要分场合。

有一件事情董举成至今记忆犹新,有一次和采购部门的一位前辈聊天,董举成不小心说了一句:"你们采购部的工作很轻松,不用去外面晒太阳。"当时他自己没在意,直到这句话传到师傅那里。师傅找董举成谈话,告诉董举成出来学习工作,首先学的是如何做人,每个行业每个部门都有他们的不容易,任何时候都要少说多做。

这句话深深触动了董举成,让他知道,出了校门,专业知识是可以短时间学会的,而为人处世是需要一辈子去学习的。董举成很庆幸当时有师傅的教诲,这让现在的他更加自律。

想学就得多问

在实习的两年时间里,董举成结识了很多新朋友。正因为一直深深记着师傅那句话，他得到了朋友们的认可。

经过朋友介绍，董举成来到了中建八局株洲北汽集团，这是他第一次进入大企业，在这里，他第一次接触工业建筑，也真正见识到了大企业的高效管理模式。

董举成在项目上主管测量和施工。面对厂房中上千个设备的基础施工，当时真的是无从入手。工作之余，董举成上网查资料，打电话请教，哪怕在现场工作他都不会放过任何一位有资历的工人，去和他们请教自己不懂的细节。

项目完工后，董举成有了不一样的想法，他喜欢上了大企业的管理模式，于是决定趁自己年轻，出去闯一闯。

随即，董举成来到了中建六局滁州碧桂园项目担任技术负责人。十万平方米的房建项目虽然是第一次接触，但从人工挖孔桩基础到项目完工累积的工作经验，还有在外拼搏的经历，足以让董举成受益一生。

得人恩果千年记

随着时间的推移，董举成不想总过着这样的打工生活，萌生了自己创业的想法。

2012年，董举成承接了株洲建设五仙山项目的土建劳务工程。工程接下来时，董举成没有积蓄，第一时间回家找了父母，父母当时也只给了仅有的五万元，最后还是找亲戚凑齐了二十万元。

董举成第一次带着几十个工人同吃同住，从之前的工程管理，到对工人的直接管理，从选人、用人，到经济合理地调配用工，各个方面董举成认为都是"从一个个错误的方向慢慢转到正确的方向"。

这一次的项目工程并没有挣到什么钱，但是他总结了几条经验：①借于他人的，一定要有偿偿还，这是诚信之本；②创业始终比打工要强；③做工程，只有好的管理才能出效益。

董举成特别感激支持他创业的父母和亲人，感谢那些曾帮助过他的朋友。得人恩果千年记，一路走来，他很感恩亲人与朋友的支持。

⛵ 创业有风险，投资需谨慎

2013年，经朋友介绍，董举成与人合作承接了句容碧桂园项目精装修工程。当时，在未签订合同的情况下，只是根据清单价格便进场施工，董举成面对装修工程这一全新的行业，凭借自己的建筑知识，慢慢地摸索学习。

在进入精装修工程的第二个年头，董举成发现，装修工程的"水"很深，人心更是难以捉摸：①工程合作人在工程开工之前，便以居间协议方式，索要了部分费用；②经介绍工人的方式，又从中赚取了一部分差价；③装修材料价格原来有相差十倍的区间；④支付工程款时，总是以各种原因克扣费用。

面对这样的合作人，董举成心灰意冷，他下定决心撤资退出该项目：难做的不是工程项目，是为人；难懂的不是工程技术知识，是人心。

⛵ 以诚做人，以信立企

董举成不忘初心，仍然坚持创业。

2015年,董举成与自己的一位师弟筹划成立一家测绘公司,专做测量测绘工作。从当时通用的全站仪测绘,到还未普及的GPS定位测绘,他们都一一去尝试、去学习。

当时,他们只有一个三人小团队,只是做简单的测绘,从雷锋湖新建项目开始到雷锋新河改造。就是这些家乡的工程项目,催生了他们这些小型创业公司的崛起。

2016年,董举成创办了湖南望雷测绘服务有限公司和湖南望雷设备租赁有限公司,从测量,到绘图,再到算量,都是一步步去学习,从不懂到精通。公司从最开始的三个人,发展到现在在职测量员就有十几位。

董举成相信,这个队伍还会不断壮大!

雷锋日记

我愿做高山岩石之松,不做湖岸河旁之柳。

——1962年3月4日

案例点评

认真做人、用心做事,不断吸取知识与养分,正是这些前期积累让董举成"一举成功"。

生命之舟在奋斗中前行

导读

他是漫长旅途中的朝圣者，朝着自己心中的圣地一步一步前行。

有泥泞，不放弃；有风雨，仍坚持。

是的，有梦想，谁都了不起；只有为梦想付出努力，才会有奇迹。

适应新工作的他，参与了长沙国家广告产业园项目、长沙九龙仓国金中心（钢结构部分）等重大项目建设。

他是湖南顺联建设工程有限公司工程部负责人廖智。

名片

廖 智　　　　1993年6月　　　　男

湖南顺联建设工程有限公司工程部负责人

原班级专业：建筑工程技术专业1103班　　学制：三年

在校学习时间：2011年9月—2014年7月

校友寄语

　　对生活保持微笑吧，爱笑的人运气不会差。用积极乐观的姿态，去面对你的未来，相信你的生活也一定多姿多彩。

　　大学是走向社会的过渡期，这个时期没有任何压力，是人生中最美好，最能放飞自我、展现自我的人生阶段。如果时间可以倒退，我想每个人都想回到那个对未来懵懂、憧憬且青涩的时光里。

　　学弟学妹们，好好享受这段宝贵的时光吧，做自己想做的任何事情，把学习、工作和娱乐在这里演绎得淋漓尽致。

　　如今的学校渐渐成了我们当年期盼的样子，我向母校致以最真诚的祝福，愿母校更加辉煌，更加美好，永远充满生机！

廖智，现任湖南顺联建设工程有限公司工程部负责人。

高中时的廖智就读的是本地一所不错的中学。高一高二成绩突出的他，被学校评为学习积极分子，理所当然在高三转入重点班学习。转入重点班的压力随之而来，平时成绩优异的廖智，在班上有点跟不上老师的教学节奏，开始自暴自弃，慢慢消极起来，最终导致高考"失利"。

付出且有收获的大学生活

热爱建筑的廖智，选择了长沙职业技术学院，开始了崭新的生活。

乐观是廖智的天性，这也是他没有选择复读的原因。廖智认为，与其再花一年时间重复地学习高三的知识，不如选择在大学里面学习新的知识。

廖智收拾好心情，来到了长沙职业技术学院。刚来时，他对学校印象并不太好，校园比之前的高中还小，面对陌生的环境，他感到非常不适应。虽然生性贪玩，但廖智并没有沉迷于打游戏，逢节假日他会邀请室友一起去外面开拓视野、广交朋友。廖智喜欢旅游、骑行，也喜欢玩桌游、逛街和看电影等。上学期间，他几乎把长沙跑了个遍。

大一第二学期，对建筑感兴趣的廖智，听说可以考施工员证书，同学们还在犹豫要不要考时，他毫不犹豫地报了名。廖智明白，理想与现实之间有着巨大的差距，一定要将理论与实践相结合。既然已经选择了这个专业，就应该往专业上去发展。就这样，廖智用自己的施工员证赚得了人生的第一桶金，当作自己的生活费。

廖智印象最深的还是大二第二学期，考建造师证的事。

教测量的老师要求学生积极备考，于是廖智拉了隔壁宿舍的张春霖一起报名。之前，廖智只是按时上下课，按时交作业，上课听课，考试前看书。从这以后，廖智真正进入了努力学习的状态，整个人就像着了魔一样：清晨，别人还在睡觉，廖智就已经起来晨读；白天，只要有时间，廖智就看书做题；晚上，廖智更是拉着张春霖去图书馆看书。

学习书本上的知识就和做数学题一样，越学越有劲，同寝室的同学都说他是"疯了"。周末，廖智和其他同学一起报了培训班，早上5点就坐着公交车出发，去中南铁道学院报告厅听教授讲课。教授2天就要讲完一本书，虽然疲惫，但是廖智从没想过懈怠。中午的时候没地方休息，廖智就和其他同学坐在操场的台阶上互相靠着休息。

下午下课后是最累的时候，那时的长沙还没有地铁，坐公交车的人很多，廖智和其他同学经常得挤好几次才能挤上公交车。望着人来人往的人群，他们彼此相视而笑。那种对生活充满希望的感觉特别充实。

廖智说，整个大学阶段就数这一年过得最为充实，最令人难以忘怀。尤其是冬天的每个晚上，自习到晚上12点以后迎着寒风在空无一人的马路上冲回宿舍，偶尔有数点寒星作伴，那情形总让他觉得自己是一个漫长旅途中的朝圣者，朝着自己心中的圣地一步一步前行。

除了每天绝大部分时间与精力投入认真学习外，廖智还得抵抗住旁人轻松玩耍或看电影的诱惑，两者之间的对比才显示出考证是一件残酷且令人难熬的事情。考证考验着廖智的毅力和耐力，但廖智相信，只要认真付出一定会有所得，功夫不负有心人，廖智毕业的时候就成功拿到了二级建造师证。

⛵ 拼搏和奋斗是人生财富

象牙塔的生活是短暂且美好的，毕业后廖智凭借过硬的专业知识，找到了一份满意的和建筑专业相关的工作。

工作以后，廖智发现工作没有想象的那么容易。刚进公司时，先是跟着师傅学习。师傅的言传身教让廖智认识到，工作中遇到问题一定不能不懂装懂，不懂的一定要及时问。廖智时刻记得师傅的嘱咐，认真做好每一项师傅交给他的工作。

适应了工作节奏的廖智不甘于此，开始不断转换新的单位去学习新的知识。廖智先后参加完成了郴州复烤卷烟厂（网架结构）、长沙国家广告产业园项目、长沙九龙仓国金中心（钢结构部分）、中南林业科技大学人行天桥项目等重大项目建设。

廖智很感谢老师们和同学张春霖。正因为有了他们的精心指导和陪伴，他的整个大学生活很充实，实属人生一笔财富。

廖智坚信，抱有乐观积极的心态，通过自己的不断奋斗，一定会赢来充满阳光的明天。

雷锋日记

只有勤劳，发奋图强，用自己的双手创造财富，为人类的解放事业——共产主义贡献自己的一切，这才是幸福的。

——1962年4月4日

案例点评

把理想付诸实践，把信念变为行动。廖智是一个有梦想、有目标，有行动、有付出，有拼搏、有闯劲的青年！

工作中积累，工作中成长

导读

高考失利就从头再来，大学四年把业余时间都交给图书馆。

刚走上工作岗位就攻克技术难关，刚担任技术质量部主任就积极创新，获得"湖南省优秀质量管理小组""BIM技术应用大赛团队竞赛一等奖"等荣誉。

他一直在追，一直在飞，不怕一路有多危险。

他不迷茫，不后悔，看着成功如旭日升起来。

他是中国水利水电第八工程局有限公司基础设施公司花垣城乡一体化PPP项目工区经理周旭。

名片

周 旭　　1989年7月　　男

中国水利水电第八工程局有限公司基础设施公司花垣城乡一体化PPP项目工区经理

原班级专业：工业与民用建筑专业23班　　学制：三年

在校学习时间：2005年9月—2008年7月

校友寄语

机会总是留给有准备的人。

周旭，2005—2009年就读于望城八中（现在的长沙职业技术学院）。2008年高考没有考上理想的大学，他一度想放弃。说到这，周旭最感恩的是当时的班主任郭明璋老师，正是郭老师鼓励周旭再复读一年。

功夫不负有心人，周旭于2009年考入邵阳学院土木工程专业。

在邵阳学院，周旭的课余时间几乎全是在图书馆里面度过的。四个春夏秋冬，他学完了三本二级建造师书籍。

社会是一所大学

2013年，对周旭来说，是人生的一个转折点，中国水利水电第八工程局在邵阳学院校招，第一场招聘会周旭就被选上，成为该单位的一员。2014年12月，周旭被评为助理工程师。

回顾毕业至今的工作，周旭认为，参加过的每一个项目都是一次全新的锻炼和一次经验的积累。自己通过学习摸索和总结，专业技术水平及业务能力得到了长足进步，逐渐成长为一名合格的工程技术人员。

社会是一所大学。走上工作岗位后，通过现场工作，周旭将理论知识与现场实践相结合，相互印证，在掌握新技术、新知识、新标准规范的基础上，根据工作需要将学到的技术运用到实际工作中去，加深了对理论知识的了解。

为了尽快适应工作需要，转变身份角色，周旭努力学习专业知识、现场施工知识以及实际应用的BIM软件操作，努力提高自己的岗位技能。

周旭先后在株洲奥园·神农养生城项目、广东佛肇城际GZZH-6标项目、衡阳东山安置房项目工作学习，负责项目技术管理工作。

工程建设中，技术管理工作马虎不得。工程技术管理，既与工程质量、进度有统一的一面，也有矛盾的一面，质量与技术涉及工程建设的每一个阶段，项目质量控制及技术管理工作必须要按照设计图纸及规范进行，不能有丝毫偏差。

2013年7月—2015年2月，周旭在株洲奥园·神农养生城项目以质检员岗位进行质检工作。该项目位于株洲市天元区神农湖畔，毗邻湖南工业大学，占地15.7万平方米，规划总建筑面积488489平方米，由高层建筑以及部分商业、公用配套建筑物组成。

在项目质检工作中，通过前辈的引领及教导，周旭意识到了项目质量控制的重要性。项目质量控制分事前、事中、事后质量控制，把握每一道工序的主控项目和一般项目，主控项目必须全部合格。项目质量管理要先设定质量目标，然后采用PDCA的方式进行项目质量管理，遇到问题及时采用QC小组集思广益，找出问题的原因，及时解决。质量控制过程中发现质量偏离目标，要及时进行纠偏处理。对于分包项目则采用奖惩机制进行分包商鞭策，存在质量问题开罚单进行惩罚，质量优秀则对分包商进行奖励，通过奖惩机制让分包商对质量控制引起重视。

周旭说："质量控制对一个工程项目来说是非常重要的，质量是一个企业的灵魂，质量控制必须放在首位。"

跟随科技发展的步伐

2015年3月—2015年6月，周旭在广东佛肇城际GZZH-6标项目以一级办事员进行项目生产工作，主管桥面系高铁无砟轨道底座板和道床板施工。

施工期间，天气炎热、雷暴雨多、工期紧、技术复杂等诸多因素都没有将周旭打倒，周旭先后多次召开无砟轨道施工专题会，不断优化施工方案，对进场作业人员进行岗前专业技术培训，并建立了无砟轨道试验基地，经常组织作业人员到其他标段观摩，学习中铁单位好的方法、好的经验。周旭让施工作业人员系统地掌握无砟轨道排架安装、道床板施工及无砟轨道粗调、精调等多项技术要领，为无砟轨道施工技术打下了坚实基础。

在项目领导及同事的帮助下，周旭在2015年年中顺利完成了项目道底座板和道床板施工。

2015年7月—2017年6月，周旭在衡阳东山安置房项目以技术办主任岗位进行项目技术管理工作。其间，周旭通过前期的图纸审核、中期施工技术指导和后期竣工验收，编写制定了东山安置房多个施工技术方案，带领东山技术质量团队改革了许多落后的施工工艺，优化了施工程序，缩短了节点工期，给公司带来了

可观的经济效益。

在工作之余,周旭总是积极参与公司创新试验与科研立项工作,如高层建筑BIM关键技术研究、高层建筑铝合金模板支撑体系技术研究、河边高水位条件下深基坑开挖支护及地基处理关键技术研究、建立衡阳东山安置房BIM5D技术在高层建筑模拟施工QC小组等。

以上技术研究在项目施工中,不但优化了施工组织和施工方案,攻克了技术难题,还减少了不必要的开支。在人员组织、技术保证、工期、安全以及资金节约方面具有明显优势,有力保证了工程的进度和效益。

除此之外,周旭还参与了许多施工工艺工法的创新,如"超大面积门连窗化学锚栓固定施工工法""抗浮锚杆施工工法"和"铝塑模板施工工法"等,其中针对铝塑模板施工工法编制了新型铝塑模板施工技术的应用研究报告申报工程局第九次科技大会科学技术进步奖。

这些创新型施工工法,不但加快了施工的进度,更是保证了施工质量,奠定了衡阳东山安置房项目顺利竣工的基础。

在担任东山技术质量部主任期间,周旭恪尽职守,响应公司号召,带领技术团队,积极创新,履约提质,曾先后获得公司"湖南省优秀质量管理小组""BIM技术应用大赛团队竞赛一等奖"等荣誉。

"学无止境，工作中必须不断学习，不断进步，努力跟随上科技发展的步伐。"这是周旭常说的一句话。

周旭在工作中，先后学习了房建工程、市政工程相关知识、工程经济、建设工程法律法规等，在造价方面，先后自学了房建工程计量规则、广联达土建算量、清单编制规则等知识。在担任助理工程师期间，先后参与质量员、施工员等培训，参与了广联达BIM培训，了解了BIM对工程项目的作用。同时，利用自己的业余时间，不断学习二级建造师和一级建造师专业知识，并且已经取得了二级注册建造师资格证书。

另外，周旭还积极参与公司竞标工作，先后配合完成武汉洺悦府、武汉泛悦城、福建浦城、贵州上枧安置房等项目技术标编制工作，其中武汉洺悦府项目技术标获得评标委员会评选第一名的好成绩，帮助公司顺利拿下项目。

现在，周旭已成为一名优秀的工程师。

回顾工作的点点滴滴，周旭说更多的是收获。他感恩在学习时、工作时遇到的老师、同事，他说他将永远抱着一颗感恩的心，不断努力前行！

雷锋日记

要学习的时间是有的，问题是我们善不善于挤，愿不愿意钻。

——1961年10月19日

案例点评

周旭坚持终身学习，在实践中找思路、想办法，最终成为解决实际问题的能手。

成长必定有收获

导读

办园规划、园所装修、环境布置、招聘教师、组织搭建、师资培训、招生运营、日常管理……

把这些看似平常的事做好，就会有沉甸甸的收获。

晴空一鹤排云上，便引诗情到碧霄。

"规范化幼儿园""平安幼儿园先进单位"等荣誉的获得，何尝不是一首隽永的诗。

这诗，是浏阳市很多小朋友的幸福，也是园长吴湘云的幸福。

名片

吴湘云　　1975年1月　　女

浏阳市淮川育苗幼儿园园长

原班级专业：学前教育专业923班　　学制：三年

在校学习时间：1992年9月—1995年7月

校友寄语

忘不了，美丽的母校！您像一位温和的母亲，用甜美的乳汁哺育着我们，使我们茁壮成长。在这里，我们受到了严格的教育。在这里，我们养成了奋发努力、团结友爱、遵守纪律的好学风。我们在您温暖的怀抱中获得了知识的琼浆、智慧的力量、做人的道理……

愿母校明天更辉煌！更好地培育祖国的花朵！

当今社会，要当一名幼儿教师，已经不是一件容易的事了，而要当一名优秀的幼儿教师，那更是难上加难。

从事幼教行业的老师都知道，作为一名在一线工作的幼儿教师，不但要上好每一节课，还要做好班主任的各项工作。所以说，每一名幼儿教师都不简单。

吴湘云作为一名从事幼教行业已有20多年的教师，有辛酸也有喜悦，虽然在这条道路上走得磕磕绊绊的，但是越走越顺，越走越有成就感。

学习学习再学习，实践实践再实践

1975年，吴湘云出生在湖南长沙浏阳古港一个贫苦的农村家庭。在家中，吴湘云排行老大。吴湘云从小性格活泼，喜欢音乐和美术。

初中毕业时，吴湘云考进了浏阳师范学校，从此与幼儿教育结缘。

1995年7月，吴湘云从浏阳师范学校毕业，成为一名光荣的幼儿教师，开始体会那诗句的甘甜——冬去春来，花谢花开，转眼间从事幼教工作已二十余载。在流逝了却是永远难忘的岁月中，吴湘云经历了喜怒哀乐，也品味了其中的酸甜苦辣。

1995年9月，刚从师范学校毕业的吴湘云，在古港梅田任教。

那是一所偏僻的乡村小学，条件简陋。所任班级是一个复式班，现实与理想的强烈落差，使得吴湘云的心情一下子跌到了谷底，怀疑自己成为教师的选择。可当吴湘云面对那二十多双渴求知识的眼睛，面对勤劳朴实的家长的殷切希望，吴湘云那彷徨、迟疑的念头顿时烟消云散了，于是她全身心地投入工作之中。

没有工作经验，吴湘云就虚心向老教师请教；学生成绩不理想，吴湘云就放弃休息时间去为学生辅导。

功夫不负有心人，终于在学年统考中，吴湘云所教的二、四年级的成绩在全乡由第六名上升至第一名。成绩的取得，只用了短短的一个学期，但也就是那半年的经历，让吴湘云从此进入了教育这"美丽的新世界"。

因工作需要，吴湘云又来到了浏阳市一所民办幼儿园工作。回首一路走过

的点点滴滴，概括为一句话：学习学习再学习，实践实践再实践。

本着对教育事业的热爱，吴湘云潜心钻研，努力学习教育教学理论，积极参加各级各类教研培训活动，努力提高自己的专业水平。这些年，吴湘云多次被评为教育先进个人，获得了优秀百名教师、优秀园长等荣誉称号。

2000年吴湘云的女儿降生，吴湘云在家休产假。为了科学育儿，吴湘云自学了很多育儿资料，研究怎样带好不同年龄的孩子。女儿2岁的时候，吴湘云就带着孩子一起去幼儿园上班。

兢兢业业的吴湘云得到了园长的赏识。园长因为自己要去浏阳市集里建一所大型民办幼儿园，就把当时的幼儿园交给吴湘云管理。就这样，吴湘云成为浏阳市淮川育苗幼儿园的园长。

⛵ 收获孩子们沉甸甸的爱，收获不平凡的经历

每天早上7点，吴湘云就来到幼儿园开始了一天的工作，晚上等全托小朋友都睡了，她才带着女儿回家。回家后，又忙着做家务，收拾屋子，给女儿讲睡前故事……往往忙完这些已经是晚上10点多了，吴湘云又拿出备课本来准备第二天的教学活动、写教师随笔、看管理学书籍……

就这样日复一日，年复一年，吴湘云在磨炼中成长。

吴湘云从一名普通的老师，成长为优秀的班主任、教研组长、教研主任、园长。这其中付出了很多很多，也收获了很多很多。

担任园长期间，随着幼儿教育改革的步伐加大，吴湘云知道自己的知识远远不够，不能适应现代幼儿园的需要。2006年，吴湘云开始接触电脑，报考了湖南大学网络学习班。吴湘云每天摸索着使用电脑，打印资料，学习如何排版等，资料由先前的手写版变成了后来的电子版。吴湘云还不断学习新的教育理念，领会其精髓，并运用到教育教学管理中。

2016年8月，浏阳市缤果幼儿园开园，这是经过2年多的准备，吴湘云与伙伴们创建的一所规模较大的幼儿园，达到了省二级标准。新园的筹备，吴湘云和同事们完成了从办园规划、园所装修、环境布置、招聘教师、组织搭建，到师资培训、教学管理、招生运营等全部工作。

至今还记得迎检加班时老师们的怨言："这根本不可能完成啊！这样下去还不得累死啊！"吴湘云理解老师们的想法，但是她知道一定要给老师们信心和动力。那段时间，吴湘云以身作则，老师们加班到十点，她常常要忙到凌晨才休息。

就这样，坚持了20多天，吴湘云和同事们终于完成了"不可能"的任务，幼儿园50多个档案盒也整理完成。她清晰地记得那一天，他们成功地通过了一项又一项验收。那一天，幼儿园里每一位教职工都为此感到自豪，对吴湘云也从一开始的怀疑，变成了肯定。

一分耕耘，一分收获。

在各级领导的关心和支持帮助下，在全体教职工的共同努力下，浏阳市缤

果幼儿园取得了一系列荣誉，被社区街道评为"教育工作先进单位""平安幼儿园先进单位""规范化幼儿园""街道文明单位"。

成绩和荣誉见证过去，创新与追求伴随永远。展望未来，吴湘云的目标是"形成园所特色，打造园所品牌，争创优质民办幼儿园"。

作为一名幼儿教师，吴湘云很自豪。

虽然工作是平凡的，没有轰轰烈烈的成就，但是吴湘云收获的却是孩子们沉甸甸的爱，收获的是不平凡的经历。

雷锋日记

高楼大厦都是一砖一石砌起来的，我们何不做这一砖一石呢！

——1961年10月16日

案例点评

吴湘云在幼教领域，坚持学习学习再学习、实践实践再实践，立足本职，尽职尽责，追求极致，终成行家里手。

我有这样一个梦想

导读

她用最朴素却最适合的方式，解决幼儿教育中最重要的问题：反对幼儿教育小学化倾向，重视对孩子行为习惯的培养，使孩子身心两健。

她引进了著名美术教育家杨冬青教授的协调美术教育、gogo乐队和军警特色课程。

她脚踏实地，为孩子的终生发展奠基。

她是浏阳市荷花龙凤幼儿园园长朱继凤。

名片

朱继凤　　1976年11月　　女

浏阳市荷花龙凤幼儿园园长

原班级专业：幼儿教育专业923班　　学制：三年

在校学习时间：1992年9月—1995年7月

校友寄语

祝母校的明天越来越辉煌！

愿长沙职业技术学院的职业教育和学前教育，开辟出一片属于自己的蓝天！

每个人心中都会有一个梦想，这个梦想或大或小。对于朱继凤来讲，从小内心深处就坚定了一个信念：长大以后一定要靠自己的努力，立足于社会。

不忘初心，坚守信念，砥砺前行

1992年9月，带着心中的信念，朱继凤从一个偏僻的小山村出发，来到浏阳师范学校幼师三班，再一次开启了她的学习之路。

时间如梭，三年的学习时光很快就过去了，朱继凤毕业了。走入社会朱继凤才发现，幼儿教育并不受人重视，幼儿老师也被人看不起，甚至很多人认为幼儿教师就是一个保姆，并且工资极低，很多同学毕业后都放弃了从事本专业的工作。

对于一个山区的孩子来说，最重要的是能让自己立足于这个社会。经过深思熟虑，朱继凤再次坚定了自己的信念，一定要将幼儿教育进行到底。

随着教学和办园经验的不断积累，朱继凤于2002年在浏阳市荷花街道南市社区浏阳河大桥桥头市盐业公司，正式创办了自己为法人代表的龙凤幼儿园。

从未学过管理的朱继凤，在创办幼儿园的过程中遇到了很多问题。朱继凤意识到以她仅有的带班经验是很难长期维持下去的，为此，朱继凤想到的就是要通过学习，不断提升自己的管理水平。

2003—2004年，朱继凤就读于长沙职业技术学院学前教育专业，获大专学历，同时阅读了大量有关学前教育的书籍。

2014年上半年，为改善办园条件与环境，龙凤幼儿园全新装修后迁址至现园址水岸山城商业街。

他山之石，可以攻玉；打破常规，勇于创新

朱继凤认为学校教育特别是学前幼儿教育应放弃应试教育，重视对孩子行为习惯、礼仪习惯和阅读习惯的培养，注重孩子体质的锻炼和健康心理的培育，即做到身心两健（健康人格、健全体质）。

凭着对幼教事业的热爱，朱继凤又开始了她的求学之旅。

2013—2019年，朱继凤一直坚持参加北京尤卫华名师工作室的学习，并把所学与自身工作有机结合起来，使幼儿园各方面都向高标准靠拢。

同时，朱继凤还在长沙、武汉、广州、重庆等地参加了工作室的培训及园长顶岗实习。

学以致用，园本结合；成绩所取，可圈可点

通过学习，朱继凤收获颇丰，形成了自己独具特色的幼儿教育教学理念。

龙凤幼儿园的办园方向一直与国家教育方针、政策高度一致，以《3—6岁儿童学习与发展指南》为导向，坚决反对幼儿教育小学化倾向，注重幼儿的体质发展、养成教育和行为习惯的培养。

同时，龙凤幼儿园得到了上级相关教育行政部门的高度评价与认可：朱继凤本人获得名园长工作室"领袖型"园长荣誉，2016年度被评为浏阳市市级"优秀教师"获市政府嘉奖，2016年、2017年度，龙凤幼儿园被评为"浏阳市优秀幼儿园"。

龙凤幼儿园形成了自己的办园风格：引进了著名美术教育家杨冬青教授的协调美术教育、gogo乐队和军警特色课程。

脚踏实地，为孩子的终生发展奠基，这是朱继凤办园的宗旨。

朱继凤将与家长携手共进，共创幼儿教育的美好明天！

雷锋日记

只要我们有叫高山低头、河水让路的气概，是没有战胜不了的困难的。

——1959年11月×日

案例点评

朱继凤打破常规，还原幼教教学本真。这是一种自强不息、锐意进取、敢于创新、爱岗敬业的精神。

美妙的青春圆舞曲

导读

她努力上好每一堂课，努力引领团队的人上好每一节课。

她是老师，她也是老师成长的引路人。

她用恒心修炼自己，用耐心帮助他人。

她用青春追逐梦想，用梦想点亮青春，把青春舞成美妙的乐章。

她就是桂阳玲，她有"桂"之芬芳，"阳"之温暖，"玲"之动听。

名片

桂阳玲　　　　1980年10月　　　　女

长沙市雨花区育新小学教师

原班级专业：特殊教育专业952班　　　　学制：三年

在校学习时间：1995年9月—1998年7月

校友寄语

业精于勤，荒于嬉；
行成于思，毁于随。

⛵ 渴望学习

1995年9月,桂阳玲从县城来到浏阳师范学校,三年的学习让她眼界大开,唤醒了她内心对学习的渴望。

如果说中师前是被动学习,那么毕业后,则是主动学习。桂阳玲渴望阅读指点迷津的书、渴望聆听高屋建瓴的讲座、渴望观摩有效风趣的课程、渴望外出学习、渴望专家指导,特别渴望能继续读大学深造。

就这样,桂阳玲先后到了冷水滩、长沙、河南、重庆、四川、深圳、广州等地学习先进的教学理念和教学方法。越学习越感觉到自己的不足,越学习越渴望学习,强烈的学习渴望激发了桂阳玲不断地学习、不断地实践,收获了一张张见证学习、见证成长的证书。

2016年发生了一件让桂阳玲十分高兴的事,她被选拔为湖南省青年精英教师培养对象。这个班一共有50个人,都是来自湖南省各地的精英教师,他们被教育厅送到北京师范大学培养三年。犹记得跨进北京师范大学的校门时,桂阳玲的心情是激动的,她终于圆了大学梦。

能去北师大学习不容易,桂阳玲很想把自己在平凡的岗位上摸索、实践的点滴和教授交流,希望得到教授的肯定。这不,机会来了,每个小组要推选一名代表进行绘本说课。桂阳玲想在说课的基础上增加自己的岗位实践,可担心时间不够,也害怕教授觉得偏题。桂阳玲真诚地把自己的想法和班主任程老师交流,程老师很支持她。展示的那天,桂阳玲把自己的学习和实践所得向老师、领导、教授们娓娓道来。桂阳玲的展示得到了姚颖教授的肯定。

那一天,是桂阳玲在北师大收获自信的一天。想起她们那个班的精英教师,大都是长株潭的名师,自己在小地方摸索、实践的做法获得了大家的认可,更加坚信了桂阳玲的初衷:不断学习,不断实践,做一个终身学习者、践行者。

⛵ 担当引领

当一个人有能力引领他人时,有机会时就要勇于担当。

担任教学副校长时，桂阳玲从不敷衍任何一次为老师们服务的机会。桂阳玲积极参加学校的教研活动，用自己积累的教学经验做好传、帮、带。记得指导罗敏、赵淑娟两位老师参加科学创新实验说课比赛，虽然两位老师和桂阳玲都不曾教过科学，但桂阳玲坚信，只要愿意学习，一定会有收获。桂阳玲利用下午放学、周末时间一遍又一遍地听两位老师上课，帮助他们修改教学设计、课件，录制短视频和剪辑视频。当得知获得市一等奖时，桂阳玲很是欣慰。

每年的一师一优课，桂阳玲都把老师们的每一节课当成自己在上课，从选题的把关到教学的设计、课件的制作，磨课、录课，每一环节桂阳玲都认真听、用心想、想法改、尽全力、促信心。

周春芳老师执教"环保建议书"磨课时，语文组老师都觉得可以，可桂阳玲觉得还要调整，而且改动很大。桂阳玲知道此言一出，周老师心里肯定会很难受，自己辛辛苦苦准备的课推倒重来，会不知所措。课后，桂阳玲来到周老师的办公室，具体和她讨论怎样修改。晚上桂阳玲下载了县创卫宣传片链接到周老师的课件里，将身边的不环保图片串联播放激起大家为县环保工作提建议，经过这么一改，这节课极具地方特色、符合当地开展环保工作的实情，学生的建议书不再空洞无物，这节课最后获得了部优。

陈宝玉老师执教"山雨"在年级组磨课时，看见课堂无重点，桂阳玲很着急。教案和课件都要重新做。桂阳玲建议抓住山雨的色彩和声音为本堂课的教学重点，让学生品读、感悟作者对山雨的喜爱之情，这节课最后也获得了部优。

2013年，桂阳玲被局领导"相中"，让她组建名师工作室。当时桂阳玲心里很没底，一是自己还不是名师，担心挑不起重担；二是全县也没有样板可学。在领导的再三支持下，桂阳玲鼓起勇气担起了这份重任。

桂阳玲带着名师工作室的其他教师积极开展教研教改、送教下乡、读书沙龙、网络研讨等活动。为了让工作室与信息时代融合，桂阳玲申请了省优质空间课堂，根据文件精神，桂阳玲扩充团队成员并进行了合理分工。为了建好优质空间，桂阳玲足足准备了两年，每天忙完学校教学，接着忙线上的教研、资源开发，每个双休日、节假日桂阳玲都坐在电脑前，不断地打字让桂阳玲的手腕处都磨出了厚厚的茧。

功夫不负有心人，2016年由桂阳玲作为首席教师主持建设的优质空间通过了终期验收，评定为"良好"，并被确定为湖南省中小学教师信息化教学"示范空间"。

尽管工作室的教师队伍在不断壮大，但是桂阳玲始终觉得可辐射的人群还是有限。就在桂阳玲为此事琢磨的时候，她遇见了工作坊。这种采用线上与线下相结合的主题研修，和工作室的建设模式有相同点，也有不同点。桂阳玲感觉自己既开网店又开实体店，网店是她的工作坊，实体店是她的工作室，空间课堂则是她的展示台和储物间。

担当国培计划工作坊坊主时，为了整合优质资源，经过充分思考，小学语文工作坊确定了"4321"的努力方向："4"是整合小学语文工作坊、小学语文名师工作室、小学语文优质空间、小学语文"送教下乡"专家团队的优质资源；"3"是工作坊的目标"出正品、造精品、铸极品"；"2"是工作坊的作风"用心+专心"；"1"是工作坊的切入点"诗歌教学研讨"。

最初，大家并不看好工作坊，认为和以往的研修差不多，抱着应付的态度而来。桂阳玲给有些老师单个发短信并在QQ群小窗中耐心开导，还利用线下集中培训的机会找他们沟通、交流。通过了解，桂阳玲发现这个坊里真是藏龙卧虎，有校长、市最美乡村教师、市优秀教师、县卓越教师、县明星教师，等等。桂阳玲心想要调动这一批人的积极性可不简单。桂阳玲相信，只要她用心+专心，就一定能激活大家的潜质，因为每个人都有一颗积极向上的心。

事实果真如此，无论线上还是线下，大家积极参与。省里的专家唐玲娟老师点评工作坊："好主题、好活动、好评价。培训不是走过场，而是植根于教师的实际需要，让教师轻松接受，欣然学习，恬然内化。"

从2013年一路走来，每每看到教师的成长，桂阳玲不曾想起自己是主持人、是坊主，她给了自己一个明确的定位：做教师精神成长的引路人。

⛵ 华丽转身

经过自己的努力，34岁那年，桂阳玲参评了湖南省第九批特级教师的评

选,一路过关斩将,于2015年年初,在省教育厅的公示名单里看到了自己的名字。

为了突破职业瓶颈,桂阳玲参加了长沙市雨花区名优教师招考。2017年9月,桂阳玲被调到长沙市雨花区育新小学担任一名普通的语文教师兼班主任。桂阳玲爱岗敬业,所带班级学风正、读书氛围浓,指导1201、1403班学生在省级刊物、平台上发表了14篇文章,两个班级在相关活动中均获一等奖。

桂阳玲撰写并发表了8篇论文,其中《做教师精神成长的引路人》获省一等奖,《多元活动育人,提升学生素养》发表在《教师》2019年3月刊。2018年3月,为长沙市爱心捐助零花钱启动仪式三句半表演撰写剧本《卖报歌》,2019年4月,为育新小学60周年华诞庆典撰写朗诵稿《薪火相传,牵手未来》。

此外,桂阳玲还积极参加各级教学比赛,2017年、2018年连续两年参加省集体备课设计和视频公开课比赛均获奖、2019年5月参加长沙市妇联举办的家庭教育赛课获奖,以讲师的身份走进社区为广大家长讲课。2017年、2018年连续两年担任国培计划省级小学语文工作坊指导专家，共指导了15个区县工作坊小学语文学科研修。2018年12月，桂阳玲在湖南省第八届中小学班主任工作研讨会上发表主题演讲。桂阳玲先后获得"校优秀教师""区卓越教师""市优秀共产党员"等荣誉称号。

雷锋日记

党的声音，就是人民的声音。听党的话，就会开放出事业的花朵！

——1959年8月30日

案例点评

桂阳玲将个人理想和祖国需要相结合，从一名普通教师成长为省级特级教师，把青春舞成美妙的乐章。

青春的底色是奋斗

导读

她业务素质扎实,服务态度热情,讲解技巧精湛;

她任职于秋收起义文家市会师纪念馆,先后为多位中央领导同志做讲解;

她是"社会主义新农村建设"的随车讲解、"改革开放30周年大型成就展"的版面讲解、"纪念王震同志诞辰100周年"的接待讲解;

她获得湖南省"在历史现场,向祖国报告"主题演讲大赛金奖。

她是湖南省十佳演讲员余小平。

名片

余小平　　1984年7月　　女

秋收起义文家市会师纪念馆文保部副部长

原班级专业:初等师范教育专业99D3班　　学制:五年

在校学习时间:1999年9月—2004年7月

校友寄语

青春的底色是奋斗。

梦寐以求的大学校园是我们丰富知识的加油站、是我们人格修养的炼丹炉、是我们筑梦追梦的起始点,在美好的大学生活里,唯有努力学习知识、不断涵养人格魅力,才是我们奋斗的样子,是最美青春的样子。

人生最精彩的不是实现梦想的一刻,而是坚持实现梦想的过程。逐梦前行的路上,让我们珍惜校园时光,不负青春韶华。

⛵ 无悔青春

2004年4月,余小平正式参加工作,在浏阳文物局担任讲解员一职。

2006年4月,余小平调入秋收起义文家市会师纪念馆,继续担任讲解员工作。

凭借扎实的业务素质、热情的服务态度和精湛的讲解技巧,余小平圆满地完成了若干次重大接待任务,先后为多位中央领导同志做讲解,博得中央、省市级领导与大众的高度赞扬与一致好评。

余小平在讲解员的岗位上默默无闻地奉献着自己的青春,无怨无悔地坚守在讲解一线,每年完成大大小小的讲解接待约800次。

与此同时,余小平还多次被抽调参加由市委、市政府组织的各种大型接待工作,如"社会主义新农村建设"的随车讲解,"改革开放30周年大型成就展"的版面讲解,"纪念王震同志诞辰100周年"的接待讲解,以及各种浏阳市的重大接待活动等。

成绩喜人

除此以外,余小平还多次参加由省、市、局举办的各种主题演讲(讲解)大赛,并获得了可喜的成绩——

2004年,作为浏阳市唯一代表参加了湖南省"岳阳楼"首届讲解员比赛,向全省各界介绍了"南欧北梅"之一的欧阳予倩先生光辉的一生,宣传了浏阳的文人与文化,荣获三等奖;

2009年,参加湖南省"在历史现场,向祖国报告"主题演讲大赛,以"山乡文化颂辉煌"的演讲内容夺得演讲大赛的金奖,同时被评为"2009年湖南省十佳演讲员";

2011年,荣获浏阳市"我与读书"主题演讲比赛一等奖;

2015年,荣获浏阳市"诚信纳税"主题演讲比赛二等奖;

2017年,荣获湖南省"服务两学一做,讲好特殊党课"讲解大赛二等奖;

2019年,荣获长沙市"初心与使命"党性教育精品课程竞赛第一名。

每一次演讲,都是余小平自我挑战的机会,从撰写稿本、修改演讲稿到熟悉熟练、登台演讲,每一个过程都是汗水和心血的积累,都是智与勇相结合的一次锻炼。

近年来,余小平连续获得"先进工作者""浏阳市精神文明礼仪使者""湖南省十佳演讲员""雷锋式服务明星""浏阳市优秀共产党员"等荣誉称号。

雷锋日记

热情,像熊熊的火焰,是一切的原动力!有了伟大的热情,才有伟大的行动。

——1961年4月16日

案例点评

余小平在接待讲解工作方面,练就扎实的业务素质、热情的服务态度、精湛的讲解技巧,在服务他人的同时成就自己。

追寻最美的模样

导读

与孩子们一起成长,是她永远做不完的梦;
与语文一起成长,是她梦中绚烂的旅程。
她与自己相约:向着优秀、卓越前行;
她与孩子相约:今天是美好的,明天会更精彩!
她凭着良心,揣着爱心,下定决心;
她要追寻教育人最美的模样。
她是浏阳市大瑶镇大瑶完全小学教师刘冬华。

名片

刘冬华　　1981年10月　　女

浏阳市大瑶镇大瑶完全小学教师

原班级专业:汉语言文学专业978班　　学制:三年

在校学习时间:1997年9月—2000年7月

校友寄语

十六岁那年的校园,阳光是和煦的,风儿是轻柔的,林荫道是清幽的,操场是广阔的……

三五成群,穿行于校园的各个角落,是快乐的鸟儿在林间的雀跃,是奔腾的豹子在草原的驰骋。

那,是什么让我们如此快意?是知识在充盈着我们的思想,是老师在引领着我们的步伐,是学校给予着我们畅想的底气。

走出校园22载,回想、追忆中那一幕一幕,总是让人沉醉,只想对你们说:学习,努力学习吧!汲取,拼命汲取吧!

那是你们丰富自己最好的时间,那是你们日后生活最坚实的盾牌,那是你们人生最初的绚烂,那是值得一生回味的最美年华!

转眼之间,刘冬华在教师这一工作岗位上,已经工作了22年。

徜徉在课堂里,耕耘在这片充满生命气息的土地上,刘冬华心中总是充满敬畏与向往,因为这一路,她一直在追寻着教育人最美的模样。

⛵ 最初的模样:带着良心,走上讲台

2000年9月,骄阳照耀着大地,犹如19岁的青春般热烈。

刘冬华,走进了校园,成了一名真正的教师。

踏进课堂的第一天,刘冬华就遭到了一记"闷棍":一年级,19名学生。其中一对姐妹满脸黑漆漆的,鼻涕垂在鼻孔下,口齿不清,她们的母亲是一位智障人士;一名麻疹患儿,满嘴口水往外淌,双手呈O型,不能行走不能言语;一名男生近十岁,额头起褶皮肤黝黑似老头,不会握笔,言语不清;还有一名女生,十五岁,不知为何从未上过学,但是学校却将其请进校园……

因为只有19个学生,宽敞的教室显得空荡荡的,想象中孩子的天真烂漫没有出现,哭闹声却在耳边响起……

面对这一切,刘冬华沮丧与无措。

刘冬华每一次沮丧地回到办公室,都能看见邱松长校长不厌其烦地叫着几个不会做题的孩子在跟前,一遍两遍三遍……不停地讲着,也许到最后还是有人学不会,但邱校长依然用课余时间给孩子们辅导功课。

面对刘冬华的不解,邱校长淡淡地说:"教书,就是一个良心工程,我们需要问心无愧。"

刘冬华被这句话震撼到了,开始思考:何为问心无愧?何为教师?如何为师?

"带着良心上讲台,无论何时定要问心无愧,无愧教师这一称呼,无愧孩子的成长。"

成长的模样:携手执着,全力以赴

19岁到41岁,22年,这是刘冬华生命当中最美、最有力量的岁月。

在这段历程中,刘冬华一直做着自己热爱的语文教学工作,她先后担任过班主任、教导主任、语文教研组长、小学语文工作坊坊主、大瑶教育发展中心语文教研组长等多个职务。

无论是哪一项工作,刘冬华都尽自己最大的努力去完成,不懂的便去问,不会的就去学,学会了就全身心地投入去做,因为刘冬华始终坚信——与孩子有关的事就应全力以赴。

刘冬华从未停下过学习的脚步。

2009年,刘冬华担任大瑶完小语文教研组长一职,面对这一专业素养要求极高的职务,刘冬华诚惶诚恐,深知自己的知识水平与专业素养还有所欠缺。但是,刘冬华没有懈怠,而是暗暗要求自己加快学习的脚步,让自己迅速成长。

从那以后,刘冬华订阅了很多教育类报纸杂志,阅读了大量的专业书籍。

刘冬华从大瑶走向浏阳,在长沙各个活动场地穿梭,先后到过深圳大学、浙江大学学习。

刘冬华逼着自己踊跃参加各种各样的赛事，带着老师们一次又一次地去迎接挑战。

随着网络信息的不断丰富，线上各类名家课堂、专家讲座成了刘冬华学习提升的主阵地。

"我始终是一名学习者。学习、学习、再学习是我们应对教育教学改革最有力的法宝。我将带着我的团队一直行走在学习的路上。"2018年，刘冬华在"大瑶镇刘冬华小学语文工作坊"的授牌仪式上，如是说。

"学，然后知不足。"只有终身学习，终身提高、更新，才能真正成为跟上时代的教师。

她这样要求自己，也这样带领着她的团队前行。

我喜欢，
孩子们轻声读书的样子，
那是细语描绘的广阔文学世界；

我喜欢，
孩子们静静书写的样子，
那是文字编织的一段童年岁月；

我喜欢，
孩子们激烈而执着的样子，
那是知识充盈下成长的味道；

我喜欢，
与孩子们一起在文字里畅游，
喜欢当语文老师的感觉！
一切都只是
喜欢！

2021年6月，刘冬华在长沙市大瑶完小名师农村工作站结业总结上写下了这样一段文字——《只是喜欢》，这是她作为一名语文老师对语文最朴实的喜爱。

刘冬华常想：理想中的语文课堂是什么样的？它应是"环环相扣，行云流水"，它应是"有生气、有发展、有思考、有创新"，它更应是"以人为本，让师生感到幸福"。

为了成为一个因语文而感到幸福的老师，刘冬华全身心致力于对语文教学的探索。在长期的探索中，刘冬华发现无论怎样的课堂，"一定要以学生的发展作为课堂的出发点和归宿"，从而慢慢地形成了"以生为本"的教学理念。

刘冬华的语文课堂，学生尽情读，勇敢说，而她兴致勃勃地教。刘冬华把听说读写等语文基本功与浓厚的文化有机融合起来，引导学生沉醉于语言文字的神奇，浸润于中华文化的源远流长。

语文教学中，刘冬华坚定地认为：语文老师一定要想办法让孩子们爱上书写，要教孩子们用文字记录日常、描绘世界、表达内心……写作教学，便是她最热衷的事情。

2020年，由于学校语文老师紧缺，刘冬华毅然接下了五年级K13班、六年级106班的语文教学工作，那一年正值统编教材全面铺开。面对全新的教材与两个年级的教学，刘冬华几乎将所有的休息时间都花在了对教材的研究和学习上。

更让刘冬华备感压力的是每个星期120篇作文的批阅。为了让孩子们都愿意去写作，能感受到写作的快乐，刘冬华会细致地阅读每篇作文，并在每一个作业本上写下具体的修改意见，引导孩子们写下最真实的情感。修改之后再进行评阅和提修改建议，在这样的反复训练中，让孩子们看到自己的文字在一次又一次的修改中变得越来越精彩，让孩子们用手中的笔真切地感受到语言文字的神奇。

不知多少个深夜，不知多少个周末刘冬华都是在五、六年级的教材或作文本的陪伴中度过的。同事常惊讶她是怎么做到的。刘冬华乐呵呵地说："同时教两个年级，使教更连贯，既知六年级孩子们的起点，又知五年级的学习走向，相辅相成，真好！"

课外阅读是刘冬华坚持做了14年的事情，她相信阅读是打开孩子视野最好的方式。

从最初的"群文阅读"到现在的"读好书，读整本书"，刘冬华始终在努力地带领着孩子们广泛地阅读。

2018年9月—2021年6月，作为工作坊坊主的刘冬华，带领所有的学员以"聚焦统编教材阅读教学与1+X课外阅读"展开了探讨活动。

2018—2019年在统编教材广泛使用初期，刘冬华便围绕教材开展了"古诗文阅读教学""低段识字写字教学"等研讨，鼓励老师们展示自己的课例，并请长沙专家、名师送课到校为老师们做示范。

2019—2021年主要是"1+X"阅读模式的探讨，以"浸润书香 点亮童年"为探寻方向。从整本书的导读开始到读中推进再到读后交流，让老师们形成了整本书的阅读指导策略。

同时，工作坊在长沙市大瑶完小名师农村工作站的指导下，参与了《互联网+背景下儿童阅读"1+X"课程实践研究》课题研究，让老师们深入儿童阅读的各个环节，将孩子们带入浩瀚书海，领略语文的魅力。

刘冬华也向着更高更远的地方前行。

2018年，刘冬华成为"长沙市大瑶完小名师农村工作站"的一名学员，跟随着邹玲静老师的步伐，成为工作站的优秀学员；2021年，刘冬华又成为浏阳市鲁维名师工作室导师团队名师，随着鲁维老师一起带领着浏阳教小学语文的青年教师们，追寻"真实写作的密钥"……

一路走来，谈不上卓越，但步履是那么坚定而执着：始终是深扎在课堂里践行着一位教育人的使命；始终是前行在教育教研第一线，有累却无怨无悔。

这是刘冬华成长的模样，也是教育人成长的模样。

最美的模样：牵手孩子，相约明天

教育人最美的模样是怎样的？

刘冬华说——

与孩子们一起成长，是她永远做不完的梦。在这个梦中，充满着希望、充满着欢歌笑语、充满着追逐嬉戏……

与语文一起成长，是刘冬华梦中绚烂的旅程。在这段旅程中，充满着新高度、充满着新的激励与挑战、充满着精彩纷呈……

　　刘冬华与自己相约：向着优秀、卓越前行！

　　刘冬华与孩子相约：今天是美好的，明天会更精彩！

雷锋日记

　　对待工作要像夏天一样火热。

——1960年10月21日

案例点评

　　刘冬华对语文教学有着最质朴的热爱，努力创设最理想的语文课堂，她与教学一起成长，与孩子一起成长，追寻着教育人最美的模样，平凡工作岗位上发出了光和热。

坚持做好一件事

导读

好喜欢看你，坦白的眼眸，蔚蓝的晴空；
多希望和你，同一个星座，唱同样的歌。
唱一首勤奋的歌，让自己的每一天过得有价值；
唱一首勇敢的歌，积极面对工作中遇到的困难；
唱一首优秀的歌，努力成为行业当中的佼佼者。
她是北京春晖博爱公益基金会青少年项目主任谢蔚，"感谢"的"谢"，"蔚蓝"的"蔚"。

名片

谢 蔚　　　　1986年11月　　　　女
北京春晖博爱公益基金会青少年项目主任

原班级专业：特殊教育专业2002班　　　　学制：五年
在校学习时间：2002年9月—2007年7月

校友寄语

当下就是最好的，一定要对下一秒保持热情和期待。

如果你还在学校，请珍惜每一天，全新又充满未知的每一天。

在学校里，不会遇到职场的尔虞我诈，不会撞见生活的一地鸡毛，在这里，你永远都是一块海绵，一朵娇蕊，有知识浸润，有老师呵护。

但一定不要为此躺平，走出校园的生活，是你远远无法想象的。

学校就是一块沃土，是所有学子深耕远行的基础，我们不仅要珍惜在这里的每一天，也需要在这里打牢基础，武装好自己，将来回看这一段旅程，才会感叹值得！

2022年是谢蔚从长沙职业技术学院毕业的第20年,也是她打开特殊教育大门与特殊教育事业结缘的第20年。

这一路走来,不论是在康复机构,还是在现在工作的公益基金会,谢蔚都在与一群又一群特殊人士相伴前行,每天都从事着她热爱且持之以恒坚守的特殊教育事业。

谢蔚感觉很幸福,生活充满着感恩与自豪。

结缘长职记

2002年夏天,谢蔚被她的父亲"忽悠"到了浏阳,来到了长职。

当时,谢蔚对特殊教育没有任何概念,也对未来没有任何憧憬。中考的失利,让她像霜打的茄子一般,毫无生气。校园里转了一圈,空旷且老旧的礼堂、不平整的操场、中规中矩的逸夫楼,处处显露着历史悠久的味道。但当谢蔚见到校园最里面一整排新建的学生公寓后,她点头同意留下来。

那崭新的大楼和宽敞的浴室让谢蔚对未来有了一丝期待。一切都在改变,一切也都在进步。

谢蔚学的专业实属冷门,那一届学生加起来一共就13个人,1个男生,12个女生。由于人数太少,谢蔚所在的班级与当时同年级的广告设计专业的同学们合并在了一个班。上午一起上公共课,下午分开上专业课。

在长职的第二年,谢蔚意识到,只有在学校吸足"养分",快速地成长,才有足够的能量去应对将来竞争激烈的社会。

于是,谢蔚积极参与班干部的竞选,投身学生会督察部的工作,参加校园歌手大赛,还在校广播站拥有自己的节目。

谢蔚在寒暑假寻找实习机会,坚持零报酬地在长沙启音康复中心"做学徒",学习聋儿语训技术。

每一天虽然忙碌,像一只小蜜蜂一般在各处穿梭,但每一个岗位,每一次经历,都丰富了谢蔚的见识,让她对将来的职场生活充满期待。

入学第4年,谢蔚一行13位同学在娄星明老师的带领下,在湘潭特殊教育学校完成了实习,这也算是娄老师带着他们踏入职场的首秀。五年级第一学期,在王得义老师的支持下,谢蔚提前完成毕业论文,踏上了人生中第一个真正意义上的工作岗位。

⛵ 职场变形记

2007年春夏交接之时,谢蔚和一位同班同学一起,来到了同是长职学姐在江苏江阴创办的金钥匙康复中心,担任特教老师,专门负责机构中特殊儿童的语言训练、感觉统合训练以及生活自理学习等。

初来江苏,饮食、住宿都非常不习惯。谢蔚尝试着学习如何独立教学,如何与家长沟通,每一天都在自我学习与自我成长的道路上摸索。谢蔚坚持每天与家长沟通儿童的学习情况,坚持每天做备课笔记。

一年后,当谢蔚想回长沙就业时,唯独带回长沙的就是10大本教学备课笔记。

回到长沙后的第二天,谢蔚就到了长沙启航培智中心面试。面试时,很凑巧地遇到了大学实习时启音中心的主管,他们彼此熟悉,一拍即合。

谢蔚是一个闲不住的人,希望自己的每一天都有价值、有意义。谢蔚总是在想,人在成长的道路上,如果每一天都用心经营、积累,就像播种施肥一般,总有收获喜悦的那一天。

初到启航,领导告诉谢蔚,她专业对口,有实习经验,好好干,一个月以后再谈待遇。谢蔚当即告诉自己,一个月,这就是体现自己价值的30天。

于是,谢蔚开始观察工作的环境、同伴以及对象,分析自己的优势与不足。谢蔚发现集体教学的音乐课因为人多嘈杂,很多老师都不愿意上,但音乐课又是很多孩子非常喜欢的课程。于是谢蔚毛遂自荐,承担起了中心的音乐教学。

谢蔚天生嗓门洪亮,在每一天面对几十位家长和孤独症儿童的唱唱跳跳中,谢蔚克服了胆怯和害羞。谢蔚还获得了一个开展特殊儿童教学的秘诀,那就是要想长久地上课,让孩子们参与,教学者一定要享受其中,而不是敷衍应对。这对于长期工作在一线的老师是至关重要的。

紧接着，谢蔚根据儿童与家长的需求，在服务儿童的个体上，开展了个别化家庭指导，即把每一天的教学重点用文字记录的方式交代家长，鼓励并督促家长在家中开展泛化训练。一系列用心的付出，获得了家长们的一致好评。

在启航，谢蔚结识了热情、善良的杨校长。杨校长先后给了谢蔚老师的岗位，赋予了谢蔚主管的职责，还介绍了一份特别的"住家陪练"特教岗位给谢蔚。那一年，谢蔚非常忙碌与充实，几乎每天工作14个小时，那是一段非常令谢蔚难忘的经历。

2009年秋天，谢蔚深感疲倦，那是一种发自内心的无力感，那一年，就好像一架机器，在日夜不休的转动中，出现了停滞的感觉。谢蔚发现自己一直在输出，但没有输入，自己之前储备的知识有些耗尽的感觉。

于是，谢蔚与杨校长进行了沟通，说出了想离职去北上广闯一闯的想法。出乎意料，杨校长非常理解，也很支持。

2009年秋天，在道不尽的机缘巧合之下，谢蔚入职北京春晖博爱公益基金会。这是一家有着深厚底蕴的专门服务儿童福利机构的公益基金会，吸引谢蔚入

职的原因，是有参加无数中外专家的培训和到全国各地福利机构出差的机会。

从入职至今，谢蔚已在春晖服务了13个年头，走访了全国100多家儿童福利机构，顺应儿童福利机构转型，成为机构第一位特教培训师，支持全国100多家合作福利机构开展特殊儿童康教融合服务以及青少年兴趣支持服务，为数以千计的一线保育人员、教师提供专业培训。

在这13年中，谢蔚承蒙机构和民政部的支持，在上海华东师范大学取得特殊教育本科学位，担任机构青少年项目主任，成为中华康复治疗师协会会员，考取了国家高级育婴师、高级家庭指导师、高级护理员培训师资质等相关证书。

在求职履业的道路上，谢蔚一直坚信坚持做好一件事，认真做，反复做，一定能做得不一样。

心中永怀感恩，坚持不懈，一定能让自己越来越好！

雷锋日记

　　自己活着，就是为了使别人过得更美好。

——1961年11月26日

案例点评

　　谢蔚20年与特殊人士相伴前行，以帮助他人为最大快乐，开展特殊儿童康健融合服务，点亮生命的希望之光。赠人玫瑰，手有余香，世界会变得更温暖。

雷锋故里—『湘松』

导读

地广人稀,环境恶劣。他是扎根祖国西南的服务站站长。

路遇火灾,情况危急。他当机立断,将混凝土车改装成消防车,极大降低了当地人员和财产的损失。

他是扎根凉山的青松!

他是临危不乱的智者!

他是挺身而出的英雄!

他是三一重工四川惟楚公司凉山彝族自治州服务站站长,邹湘松!

名片

邹湘松　　1987年12月　　男

三一重工四川惟楚公司凉山彝族自治州服务站站长

原班级专业:汽车运用技术专业0803班　　学制:三年

在校学习时间:2008年9月—2011年7月

校友寄语

勤学好问,学以致用;

青春有期,学海无涯。

期待更多学弟学妹们加入西部大开发战略服务中来,为祖国的发展增光添彩。

⛵ 响应党中央号召，服务于西部大开发战略

提起大凉山这个全国有名的贫困地区，大多数人对那里的生活环境和条件望而却步。

而邹湘松，这个来自雷锋故乡的小伙子，在这里一待就是11年。

其间，邹湘松多次放弃了回条件较好的湖南工作的机会，全身心扎根于祖国西南这个地广人稀、环境恶劣的地方。

凉山彝族自治州下辖17个县市，东与贵州接壤，西与西藏接壤，南临云南，区域内多为原始森林和原始次森林。三一集团大凉山服务站的服务范围，就在漫无边际的崇山峻岭之中。这里，多数县目前仍不通高速，交通极为不便。

曾经很多次，邹湘松在县城内完成三一设备的保障服务任务后，在返回西昌驻地途中，都因为山道塌方而夜宿野外。

邹湘松优良的服务质量和工作态度，受到了当地服务对象的高度认可，这直接使得三一设备近几年来在当地的市场占有率不断攀升，并大大超过其他几家有影响的设备供应商。2019—2020年度，三一设备在当地的市场占有率达到近90%。

可以说，邹湘松见证了党中央实施西部大开发战略以来大凉山的巨变，见证了彝族人民走出深山的历史时刻。

⛵ 服务社会　屡立战功

因为大凉山独特的地理环境，几乎每年都会发生大型森林火灾，每次火灾都会造成重大人员和财产损失，森林火灾几乎成了大凉山人民挥之不去的梦魇。

2020年3月30日，凉山西昌泸山大火发生时，邹湘松刚好在火场附近，看到漫无边际的火海，他果断与客户联系，取消原定任务，立即前往救援指挥部，并主动请战。

邹湘松通知在驻地的留守人员立即赶往火场，带领服务站员工利用三一设备的技术优势，连夜将数台三一混凝土设备改装成消防车投入火场。改装后的混

凝土泵车能够直接将混凝土输送管道从空中伸入火场，原用来输送混凝土的管道则用来输送灭火用的水。这种经过适当改装的混凝土输送泵车进入火场后，救火效率得到极大提高，且无须派遣消防员直接进入火场，极大地降低了当地的人员伤亡和财产损失。

由于这次火灾被快速扑灭，邹湘松率领的三一集团凉山服务站集体受到西昌市政府和三一集团的表彰。

2021年4月20日，紧邻西昌的冕宁县又发生特大火灾，由于有了之前的经验，火灾发生后凉山州消防支队第一时间联系了邹湘松，邹湘松迅速带领凉山服务站几名员工并调集附近设备火速投入火灾救援，与消防部门共同奋战几天几夜，扑灭了50多公里长的火场，并首次实现了凉山境内森林大火救援零伤亡的辉煌战绩。

雷锋日记

迎着困难前进，这是我们革命青年成长的必经之路，有理想有出息的青年人必定是乐于吃苦的人。

——1962年3月×日

案例点评

邹湘松扎根于祖国偏远贫困地区，不畏艰苦，不惧困难，路遇火灾勇往直前，体现了雷锋奋不顾身的斗志，是雷锋故里的雷锋传人。

享受生命的旅程

导读

似乎不用搏击风浪，但从未停止前进。

他把每一分钟利用好，把每一次任务完成好，服务好身边的每个人。

他知道，自己要的那种幸福，就在那片更高的天空。

生命就像一条大河，不是惊涛骇浪才精彩。

风平浪静，静水流深，不亦说乎。

他是长沙衡开智能科技有限公司机械工程师廖浪亦。

名片

廖浪亦　　1998年7月　　男

长沙衡开智能科技有限公司机械工程师

原班级专业：机械制造与自动化专业W1301班　　**学制**：五年

在校学习时间：2013年9月—2018年7月

校友寄语

各位即将毕业的学弟学妹们，走在人生的关键路口，毕业生通常面临四种选择：求职、出国、升学、创业。无论哪种选择，都是在不确定性中寻找最适合自己的答案。

与其临渊羡鱼，不如退而结网。尽早发展出一项随着时间推移会不断积累经验，经验越丰富、年龄越大越吃香的技能，是破解内卷的关键。

最后祝各位毕业生前程似锦，归来仍是长职少年。跃入人海，各有风雨灿烂。

生命是一场旅程，这短短的一生，你不妨大胆一点，攀一座山，追一个梦。

人生的漫漫征程需要我们用奋斗去闯荡，在人生的道路上清醒地认识自我的价值，才能在人生旅程中创造生命的辉煌。

让我们看一下我们的校友——廖浪亦，一名普通专科生是如何完成从基层员工到自己心仪岗位的成长的。

坚持，自会有收获

"机械"，这个词听起来就觉得枯燥或是脏累。在廖浪亦的眼里，机械是什么样的呢？

2013年，廖浪亦成为长沙职业技术学院机械制造与自动化专业五年制大专部的一名学生。

为了让所在班级达到军训会操的最高标准，廖浪亦按比例将操场的位置用铅笔画了出来，每一处细节都不放过。到了晚上，廖浪亦号召同班同学进行彩排和训练，大家的努力得到了老师及教官的认可，最终获得了军训会操表演的前三名。这也是廖浪亦第一次担任班长时获得的荣誉。

学雷锋，为他人服务

2015年9月，廖浪亦来到长沙职业技术学院主校区，新的征程开始了。

廖浪亦成功竞选上了湖南省高校活动联络员、机械与汽车工程分院学工秘书特别助理、机械工程系团学办公室主任、团总支助理、机械与汽车工程分院学生电教委员组长、1503班班长等职务。廖浪亦的心里充满欣喜，因为他又多了能为他人服务的机会。

每次系部举办大型集会、会议和活动，廖浪亦总是提前到达场地帮忙布置，会后主动留下来清扫场地。只要有时间，学院的各项活动廖浪亦都会主动去帮忙。机械工程系的同学们给廖浪亦起了个绰号——"爱心大使"。

技能是立足社会的生存之本。在大学校园里，廖浪亦认真学习，喜欢思考，专业成绩名列前茅。英语能力测试、计算机应用能力考试等都顺利通过并取得证书。廖浪亦报名参加分院的省技能季赛的训练队后，不管周末还是晚上，他都默默留在实训室安静地学习。

廖浪亦知道，这个世界很大，山外有山，人外有人，只有更加勤奋，才无愧于国家对贫困学子的关爱与资助，才无愧于学校领导和老师对他的教育与培养。

每一天，值得我们重视

2018年7月毕业后，廖浪亦成为一名正式的助理机械工程师，同时迎来了人生中第一次出差学习的机会。面对客户的投诉、项目的节点、领导的催促，一次次的尝试，一次次的失败，面对客户和领导的双重考验，廖浪亦终于在2019年年底完成了项目交付。

首个由廖浪亦个人在外跟进，领导指导，客户验核的项目完成了，廖浪亦成功地锻炼了自己的毅力和能力。

回到公司后，廖浪亦被调入长沙分公司工作。工作的时候，廖浪亦时常会想起之前在外出差时总经理常说的三句话："①养成独立的学习能力；②有对紧急事件的应对办法；③能带领团队完成项目。"

风雨中奔跑，做自己的梦

2019年年底，新冠肺炎疫情爆发，面对疫情带来的经济冲击和生活压力，廖浪亦选择离开当时工作的公司开始新的征程。

2020年3月，廖浪亦加入新公司，岗位为工艺工程师，主要负责制定产品工艺路线、机加产品单价及成本核算、工艺毛坯图出图、工装夹具设计、新品开发及评审。

刚入公司的廖浪亦，白天在车间用笔记本记录每一道工序的加工内容，晚上下班后向同事虚心请教自己不懂的地方，仅花了一周的时间就适应了岗位的基本流程及业务内容。后来，廖浪亦还代表公司参加了由湖南省组织的"十行状元百优工匠的技能比武"，通过比赛，他看到了自己的不足。

2021年，廖浪亦先后改善了公司关于产品工艺卡片、工艺路线、工序图等存在的问题，得到领导器重，并被破格提拔为总经理助理。

由于自身的原因以及新公司的一再邀请，廖浪亦离开了所在的岗位去追逐最初的梦想。

2022年年初廖浪亦告别了熟悉的地方，回到了自己的家乡。廖浪亦入职的第一天，领导问他，你为什么刚毕业没多久，就换了这么多的岗位？

廖浪亦回答道："因为我热爱物流行业，热爱那些智能化技术给我的生活带来的快感，我喜欢在不断地学习中追寻自己最初的梦想。"

风雨中奔跑，做自己的梦，满怀期待，就会所向披靡。愿大家和廖浪亦一样，在路途中知行合一，在洒满星光的路途中，拼尽全身力气，成长为时光不会辜负的模样！

雷锋日记

为社会主义建设孜孜不倦地工作的人的灵魂是最美的。

——1961年3月×日

案例点评

廖浪亦严于律己，把每一分钟利用好，把每一项任务完成好，用诚实劳动阐释青春的含义。

播种幸福教育

导读

尊重孩子，理解孩子，拥抱孩子，陪伴孩子。
用越来越优秀的自己，作为孩子们的榜样。
他对孩子的爱似乎也是这样，一成不变。
但，就是这样的爱，才实在的让人稀罕。
是的，爱是不变的"鑫程"。
是的，对于播种幸福教育的阮鑫程，爱是永恒的星辰。

名片

阮鑫程　　1996年9月　　男

长沙市芙蓉区汇一佳幼儿园园长助理

原班级专业：学前教育专业1409班　　学制：三年
在校学习时间：2014年9月—2017年7月

校友寄语

时光飞逝，一转眼从长职毕业五年了。无论身在何方，母校依旧是我心灵深处的净土。

是母校教会了我诚实宽容，教会了我奋斗拼搏，让我的生命之舟在岁月的长河中乘风破浪，驶向辉煌与荣誉。

在此献上我最衷心的祝福，愿母校桃李满天下，再造百年辉煌。

希望学弟学妹们好好珍惜在长职的美好时光，将来为母校增光添彩。

他，中共党员，中国学前教育协会会员，湖南省写作协会会员，长沙县路口镇人大代表。

平凡的一位小伙子，却干着一份"价值不菲"的工作，时时透着一股劲儿，散发着朴实而纯真的美。

他就是长沙市芙蓉区汇一佳幼儿园的老师——阮鑫程。

他平易近人，热爱孩子，拥有一颗童心。他给孩子们上活动课的时候动作夸张，孩子们脸上总会流露出甜美的笑容。

他是班上的孩子王，幼儿园里的一道风景。

有德之师

做好教育的前提，便是平等与尊重。

班上的孩子来自不同的家庭，在阮鑫程眼里没有"乖孩子"与"皮孩子"。课堂活动中，每位幼儿至少有一次机会回答问题，游戏主角根据孩子们的兴趣轮流来。

阮鑫程以尊重、理解的态度对待每一位家长，用微笑与每一位家长沟通，及时给予家长科学育儿方法的指导。借助宝宝通、班级微信群等平台努力做好家园同步教育工作，积极向家长介绍孩子在幼儿园的表现，细致、生动的描述和分析让家长对幼儿园教师刮目相看，并逐渐内化成教育子女的能力和合力。

阮鑫程作为幼教中的"熊猫"，对自己的严格、对孩子的爱，让家长们纷纷对他竖起大拇指。

有爱之师

这个世界不缺少美，缺少的是发现美的眼睛。

阮鑫程有一双对什么都充满新鲜感的眼睛，他所发现的要比其他老师更细腻和丰富。每一个孩子，在阮鑫程的眼中都是独一无二的。

阮鑫程班上的涣涣小朋友，沟通合作能力不强，控制性不好，在别人眼里

就是调皮、爱捣蛋的孩子。但是阮鑫程不这么认为，他主动和涣涣做朋友，在涣涣控制不住自己的时候，阮鑫程就让涣涣坐在自己的身边，坚持带他参加各项集体活动。经过了两年多的时间，涣涣有了很大的进步。

2020年9月，阮鑫程人生中第一次带新生小班。从第一天16个孩子号啕大哭，到第三天11个孩子哭着喊着要找妈妈，到第六天7个孩子哭着要回家……班里的哭声此起彼伏。因此阮鑫程和孩子之间也多了一个童话故事："闭上眼睛就可以看见美丽的妈妈，到下午五点，松鼠老师就会变魔术把爸爸妈妈变到门外面。"

教室里，总能见到阮鑫程左手抱一个娃，右手牵一个娃，衣角边还有两个娃的场景。经过9月整整一个月，在幼儿园22天近198小时，29个孩子的情绪逐渐稳定了。

看着孩子们每一张天真的笑脸，阮鑫程脸上洋溢着幸福的笑容！

⛵ 有志之师

2017年，阮鑫程走进汇一佳幼儿园。在幼儿园的工作中，阮鑫程的创造能力非常突出。活动设计、课程架构、游戏引导、环境创设皆独具匠心，屡次获得长沙市级以上奖励，并有多篇论文在国家、省级获奖。

是什么让阮鑫程保持长久的创造力？

对于一位潜心钻研教育的人来说，阅读，是最美的姿态；思考，是最美的时刻；创造，是最美的展现。

阮鑫程坚持阅读幼儿文刊，关注教育时事，仔细观察幼儿的一日表现，发现问题及时上网查询并积极思考。有不能解决的问题及时向前辈请教，相互交流直到解决问题。对于前来幼儿园实习的"预备队员"，阮鑫程主动提供帮助，毫无保留地分享成功的经验给他们。

每个孩子的涂鸦在阮鑫程的眼中都充满了意义。为了让孩子们的涂鸦能够得到家长的认同和理解，阮鑫程经常和孩子们沟通绘画内容，让孩子们用语言描述自己的作品，加以解析并和家长们分享，逐渐改变了家长们的育儿观。

童心，不是简单，而是纯真；不是空洞，而是包容；不是自我放逐，而是一颗大爱的心。阮鑫程不忘初心，朝着自己的梦想不懈奋斗，永不停歇！

雷锋日记

　　我要永远愉快地多给别人，毫不计较个人得失……

　　　　　　　　　　　　　　　　　　　　——1962年3月7日

案例点评

　　阮鑫程秉持"四有"好老师标准在教育事业中耕耘，对学生就像一缕春风，春风化雨，润物无声，用大爱培育出美丽的花朵。

一颗坚强的心

导读

面对身体的缺陷,她傲然如梅;
建起中法聋人沟通的桥梁,她温润如玉。
清清兮岁寒之心,温温兮琅琳之音。
她,就是彭琳。

名片

彭 琳　　　1986年7月　　　女

中法聋人文化交流中心协会会长

原班级专业:广告设计与制作专业0202班(听障)　学制:五年

在校学习时间:2002年9月—2007年7月

校友寄语

　　当你有了目标,有了信念,而且没有退路时,你有多大压力,就有多大动力,你的潜能就会发挥到极致。
　　只要你有一颗坚强的心,永不服输的冲劲,永不言弃的追求,你就一定能够为你的人生,谱写出一段绚丽多彩的华章!

人们常说：吃得苦中苦，方为人上人，这话一点也没错。

没钱，没背景，没资历，都不是你无法成功的理由。真正的贫穷，是没有顽强的斗志和创富的雄心，贫困不是阻挡你走向成功的枷锁。

她叫彭琳，聋人，毕业于长沙职业技术学院广告设计与制作专业。

⛵ 只有努力学习，才能改变命运

20世纪80年代，彭琳出生在一个普通的农村家庭。直到彭琳上聋校，家里还一贫如洗，买不起一件新衣服，甚至交不起学费。彭琳的父母多次向当地政府申请学费补助，也向学校请求延期交学费。

为此，彭琳刻苦学习，希望通过学习来改变自己的命运，并如愿考上了长沙职业技术学院。

彭琳是幸运的，一直以来都有家人的支持和老师的帮助，才有了今天的成就。

虽然家庭条件不好，但是父母给予了彭琳非常好的养育和呵护，尤其是父亲特别喜欢读书，也练得一手好书法，这使得彭琳从小就受到了父亲的影响。

老师们常常给彭琳讲述身残志坚的故事，也教会了彭琳如何做人，精神世界的富足让彭琳感受不到自身的缺陷，贫困的生活、艰苦奋斗的成长历程锤炼了彭琳自强、自立、永不服输的个性，也更加坚定了她立志成才的决心，彭琳意识到，只有努力学习，才能改变命运。

在校期间，彭琳刻苦学习，尤其是绘画。有付出总会有回报。彭琳连续多次获得一等奖学金，甚至获得了省级奖学金，并多次被评为优秀学生，还因为表现出色，被选为学生会主席。

⛵ 只有充满梦想，才会不断前行

毕业后的彭琳在长沙一家陶瓷公司当手绘员，半年后怀着教育理想来到广东中山市小榄镇特教学校当美术老师。

一次偶然的机会，彭琳遇到了一个足以改变她命运的人。这个人看到彭琳有不同于普通人的艺术才能，建议她走设计师之路。

于是彭琳到深圳一家灯饰设计公司做平面设计。公司有10个人，只有彭琳一个人是聋人。这家公司在深圳属于中小型企业，有固定的客户群体，彭琳从事的是简单的设计工作，运用软件，从抠图开始，每天给设计师抠产品的图形。一天下来，满脑袋都是抠图的影子，每天除了抠图之外，就是画一些灯泡的图形。

这样经过了大半年，彭琳成为设计师助理。在与同事的交往中，彭琳都是用笔写的方式和聊天软件与大家沟通。由于彭琳做事认真细心，赢得了同事的尊重与信任。

这次的工作经历，让彭琳更加坚信，走平面设计的路是对的，这也让彭琳感受到了更多的乐趣，视野也变得更加开阔。

⛵ 只有坚强的心，才能谱写绚丽华章

得知成为母校的优秀校友后，彭琳感受到了前所未有的压力。因为作为标兵，是许许多多学生学习的榜样，必须对那些以她为榜样的人负责，这是作为一个标兵的责任。

彭琳必须让自己变得更加优秀，才能不负"自强不息"的称谓。

为此，彭琳在法国上了半年的手语培训班。当彭琳填报法国的大学志愿的时候，遇上了新冠肺炎疫情，不得不暂停。就这样等了两年，才进入了大学附属的语言学校学习法语。2022年7月从语言学校毕业，同时，彭琳还要攻读艺术类本科和研究生。

彭琳的丈夫帮她申请成立了中法聋人文化交流中心协会。因管理工作做得好，获得了政府的批准，彭琳有幸成为该协会的会长。

想起以前，彭琳在深圳遇到了几位想学艺术却没钱出国留学的聋人。之所以创办协会，是想架起一座中法聋人沟通的桥梁，是为了让像彭琳一样的聋人能够圆梦大学，帮助他们实现人生理想。

由于疫情原因,协会暂时无法发展下去,但是彭琳坚信,只要努力,一定会成功。有梦想,就一定要把它实现,只要有能力,就一定能够帮助更多的人。

雷锋日记

你既然活着,你又是否为了未来的人类生活付出你的劳动,使世界一天天变得更美丽?

——1958年6月7日

案例点评

彭琳带着梦想前行,用青春汗水架起中法聋人沟通的桥梁,希望帮助全世界聋人实现人生理想。人生因奋斗而精彩,有梦想且奋斗,逐梦道路就是绚丽人生!

半月依旧照乾坤

导读

两耳失聪怎么办?

他的回答是:"上帝关上了一扇门,那我就自己开一扇窗。"

他用一双伤痕累累的手,雕刻出呼之欲出的龙凤呈祥,栩栩如生的梅兰竹菊,几可乱真的菩萨罗汉,雕刻出一堆的获奖证书;

同时,也雕刻出他自己的幸福生活。

他是常德市小宁木雕工作室负责人邵钟宁。

名片

邵钟宁　　1990年2月　　男

常德市小宁木雕工作室负责人

原班级专业:广告设计与制作专业0604班　　学制:三年

在校学习时间:2006年9月—2009年7月

校友寄语

残疾人并不意味着残疾的人生,只要充满信心、努力奋斗,也能有一番作为。

愿无声世界的我们,在奋楫扬帆、搏击风浪中,勇毅笃行、执着前行。

感恩母校的培养,让我们有能力去发展、去创造,自强自立、造福社会;母校让我们引以为豪,百年底蕴更加激励我们奋勇向前、不负韶华。

呼之欲出的龙凤呈祥，栩栩如生的梅兰竹菊，几可乱真的菩萨罗汉……

如果不是亲眼所见，很难想象这些木雕艺术品出自一位聋哑残疾人之手！

他是邵钟宁，两耳失聪，却不坠青云之志。

"刻刀不会离开我的手，虽然失去了听力，我希望能用双手去雕琢这个世界的精彩。"邵钟宁打着手语说。

在31岁的邵钟宁看来，木雕是无声者与无声者的对话，是化平庸为神奇的创作，每一件雕刻作品都内存着一个世界。

多年来，邵钟宁用刻刀、凿子、锤子和那一双伤痕累累的手，赋予各种各样的木头以灵魂和生命。

伤痕累累学艺路

1990年，邵钟宁出生在桃源县漳江镇，自出生他的世界就静谧无声。

邵钟宁两岁多开始学习画画，6岁时进入桃源特校读小学，随后前往长沙特校读完初中。

"我从小听不到，读书的时候就一直比常人更加努力。"邵钟宁回忆说。

成绩优异的他，2006年考入长沙职业技术学院。

在大学期间，邵钟宁首次接触木雕并对木雕产生了浓厚的兴趣。在老师的指导下，邵钟宁创作的木雕作品参加了由湖南省教育厅主办的湖南省第二届大学生艺术展演，荣获省级二等奖。

2010年毕业后，怀揣着对木雕的热爱，邵钟宁走上了雕刻之路，这一路一走就是十多年。

由于缺少交流，邵钟宁在求学的道路上屡屡碰壁，事倍功半，"每每遇到挫折时，我总是想到——山高自有人行路，水深自有摆渡船，有了决心哪有干不成的事呢？"

有一次，因听不到声响，电锯被卡住，弹出来的锯齿锯伤了邵钟宁的3个手指和2个脚趾。伤还没痊愈，他又动手干了起来。

这样的经历如家常便饭。至今，邵钟宁的双手都是伤痕累累，左手大拇指和食指上面的刀疤有数十条之多，腿上的一道疤痕更是令人触目惊心。

然而，邵钟宁却说，自己早已经习惯了，"割到手了就在地上抓一把碎木屑按住止血，小伤从来没有包扎过。"

辨才得看七年期

邵钟宁的刻苦努力终于有了回报，他的作品多次在艺术大赛中获奖——

2001年，纸画作品入编《中华世纪书香传世书画集成》一书，并在2003年"网上视界"、2004年未来城市组织的全国中小学学生比赛中获得一等奖和金奖。

2013年，参加大学生艺术比赛，木版画获得省级二等奖。

毕业后，邵钟宁拜常德两位雕刻师傅为师，学习木雕。其间，邵钟宁被派往木雕之乡——浙江东阳学习雕刻设计技术，邵钟宁很快就掌握了电脑雕刻技术。2016年，邵钟宁的处女作"鲤鱼跃龙门"获得了省级三等奖，受到了业内人士的充分肯定。

2017年，邵钟宁被县政府残疾人工作委员会评为全县"十二五"期间优秀残疾人。

一次次的成功，让邵钟宁看到了自身的价值。成功之后他开始思索，要获得雕刻界的认可，必须付出更多的艰辛。为此，他一刻也不停歇，日复一日，年复一年。刻苦的钻研和良好的悟性，邵钟宁的雕刻技艺突飞猛进。他的作品艺术与实用结合，具体与抽象交融，使人看后忍不住拍案叫绝。

半月依旧照乾坤

有了精湛的手艺，2014年，在亲友的帮助下，邵钟宁购买了雕刻机、锯床、带锯机等设备，创建了自己的木雕工艺雕刻工作室。

店开起来了，由于与外界交流不便，一开始很少有人光顾，没有生意，生活依然很难。

邵钟宁在报纸上多次看到有关残疾人利用网络改变困境的报道，受此启发,他在网上和客户交流,与同行进行探讨,向专家学习,提高自己的雕刻技能。渐渐地,他的作品越来越受欢迎,他的业务遍及全省各地。

艺术创作这条路布满荆棘,但邵钟宁从不畏惧,始终默默前行。"我会一直努力地做下去,多学习别人的好技术,多和别人合作,让自己的雕刻技术更上一个台阶。"邵钟宁说。

有人这样评价邵钟宁——听不到世界的声音,呈现出来的却是来自天籁的声音,也有人这样评价他的作品——一木一世界,一木一人生。

与其说他在雕琢木头,不如说他在刻画自己。

在邵钟宁的世界里,雕刻艺术就是他要毕生奋斗的事业。

"残疾人并不意味着残疾的人生,只要充满信心、努力奋斗,也能有一番作为,'半月依旧照乾坤'……"邵钟宁有一个设想,如果今后有志同道合的残疾人愿意学习木雕技术,他将免费传授,让他们有一技之长,成为"自尊、自信、自强、自立"的社会主义劳动者。

雷锋日记

不经风雨,长不成大树;不受百炼,难以成钢。

——1962年3月×日

案例点评

奋斗是青春最亮丽的底色。邵钟宁怀揣着对木雕的热爱,走上了艺术雕刻之路。他自强自立、勇毅笃行,雕刻出赋有灵魂和生命的木雕。

披荆斩棘 心如暖阳

导读

怕什么世界嘈杂！
岁月静好，总有人为我们负重前行；
四季轮转，总有阳光洒在蓬勃的大地上。
他用最真的心、最纯的情、最细致的呵护，把周围的人温暖。
凭手语传心语，冯阳正是暖阳。

名片

冯 阳　　1986年12月　　男

四川省巴中市巴州区特殊教育学校教师

原班级专业：计算机应用技术专业0702班（听障）

学制：三年

在校学习时间：2007年9月—2010年7月

校友寄语

　　毕业到现在已时隔多年，我还时不时能想起母校以及母校的老师、同学给予我的帮助，那段时光是那么的幸福美好。

　　虽然美好的时光是短暂的，但是我体会到的幸福时光却是永恒的。

　　身处特殊教育岗位，为无数的"残障儿童"带来温暖，我感到更加的幸福快乐。

　　在此，我以一个学长的身份真心祝愿母校的学弟学妹们，努力学习，在幸福的岁月中努力给予他人温暖。真心祝愿母校越来越好。

清晨八九点钟的巴中市，一缕缕阳光洒在了朝气蓬勃的大地上。本该充满着琅琅读书声的教室里却显得异常安静。此刻，一位青年教师正挥动着手腕，用手语向台下的学生进行授课。

原来，这是一所特殊教育学校，这所学校里培养的学生是身体有"缺陷"的特殊学生。

而讲台上这位有听障的人民教师叫冯阳。

正是有他的存在，才为这个无声的课堂，带来了温暖。

自强不息，永不言弃

冯阳和大多数"残障儿童"一样，出生在一个相对贫苦的家庭中。父亲是一名养路段工人，一家五口的生活来源，全靠父亲一个人。小时候，冯阳因为发烧时服用过量的药物而造成了听力以及语言能力的损害，对冯阳的家庭来说，无疑是雪上加霜。

生活在"安静"的世界中，冯阳从小就失去了与别人正常交流的机会，也造就了性格的自卑和敏感。虽然如此，冯阳身边的人依旧鼓励他在人生的道路上继续前行。

在老师和父母的帮助下，冯阳逐渐学会了手语，并从以前的自卑敏感逐渐变得阳光开朗。

为了能让冯阳接受更适合的教育，冯阳的父母把他送到了巴中市巴州区特殊教育学校读书，通过冯阳自身的努力以及周围人给予的帮助，冯阳在学校以优异的成绩顺利完成了学业，并在高考时成功考入了长沙职业技术学院计算机应用技术专业。

来到大学里的冯阳，感觉对一切都是那么的陌生。这里有他从来没有见过的体育场，没有见过的计算机教室。同学们谈笑风生，冯阳试图加入，又不好意思开口，怕大家嘲笑他。大家也注意到了冯阳的到来，便对他热情打招呼，问他是从哪里来的？叫什么？喜欢打篮球还是踢足球？

对于这些问题，普通人是非常好回答的，但是对于冯阳来说，一个听力以及说话都有障碍的"残疾人"，他并不能很好地回答这些问题，甚至于他连这些问题问的是什么都不知道。

冯阳是在大家诧异的目光下，用手语回答的。同学们似乎也知道了其中的缘由，便没有再继续追问下去，但冯阳没有想到的是他们用纸和笔在纸上写着：欢迎你，我叫某某，我喜欢参加各种社团活动，如果你有喜欢的课余活动可以随时叫我，咱们以后几年里都是哥们儿，都是同学，有什么需要帮助的地方尽管麻烦我，我随叫随到。

这突如其来的温暖，让冯阳猝不及防。

冯阳本以为在大学会与同学们相处得很困难，但是在长职，无论是同学还是老师，都对他表现出了无微不至的关心。

对于从来没有真正接触过计算机的冯阳来说，学习一门新的语言就很困难，更别说是计算机语言了，但是怎奈冯阳从小就练就了不放弃，一定要坚持到底的性格。

面对疑难问题，冯阳不辞辛劳地把问题一字一句写在本子上，向老师和身边优秀的同学请教。老师和同学没有因为他是一个残疾人而嫌弃他，反而对于身边有这么一位热爱学习、身残志坚的同学而感到高兴，大家都非常喜欢他。

冯阳当选了特教学生会主席，并多次获得国家励志奖学金。他还在2009年获得湖南省社会实践先进个人奖，并在2010年被评为湖南省高校优秀毕业生。

冯阳说，若不是母校的老师和身边的同学、宿舍的室友给予他这么多的帮助，在平时给予他无微不至的关心，他不可能取得如此多的荣誉。

正是因为母校，他才有了今天取得的成就。

披荆斩棘,终获成功

大学毕业后的冯阳,回到了巴中市这个养育他的地方,并最终在巴中市巴州区特殊教育学校当了一名教师。

能回到母校做一名光荣的特殊教育教师,冯阳感到非常自豪。能为孩子们做出属于自己的一份贡献,他感到非常的充实和快乐。

学校里的孩子和小时候的冯阳一样,由于身体缺陷而无法与他人正常交流,他们变得非常自卑和敏感。有一次,一位同学用手语对冯阳说道:"老师,我们一直生活在一个无声的世界里。别人说什么我们也不知道,甚至于我们想说什么也无法表达出来。我们并不能体会到常人所体会到的快乐与幸福。"

冯阳耐心地给学生解释道:"你或许感受不到平常人的幸福与快乐,但是你不知道的是,身边的人一直深爱着你。比如说你的爸爸妈妈,你的老师,你的同学,都一直喜欢着你,希望你过得好,希望你幸福,希望你快乐。或许你改变不了自己先天的一些生理缺陷，但是你可以通过自身的努力来弥补这些，就像老师这样。通过自身的努力，来到了这里，与你们相伴，与你们一同生活，这就是老师的幸福。老师通过自己的不懈努力，获得了这样的幸福，所以你以后也要像老师这样，通过自身的不懈努力，获得属于自己的幸福。"

从冯阳身上我们可以看到，无论身处何种困境，都一定要像冯阳一样心如暖阳，通过自身的不懈努力，才能收获自己的幸福和快乐。

雷锋日记

为了党和人民的事业，我总想多贡献一点力量。

——1961年4月24日

案例点评

听障学生冯阳毕业后回到四川巴中，用真实的行动帮助特殊孩子。他心中有信仰，脚下有力量，披荆斩棘、无所畏惧，用自己的光和热照亮特殊孩子前行的路。

爱让梦想飞起来

导读

他因为爱人怀孕想买好一点的母婴用品而创立了有390家分店的母婴品牌——拉古芭；

他创建了3家商贸公司；

他创办了早教中心——英菲童年早教，以及拉古芭商务酒店。

他"超群"的商业才华，源自他"幼吾幼以及人之幼"的大爱。

没错的！真正的爱能让梦想起飞！

他是浏阳市超悦商贸有限公司（运营拉古芭母婴连锁）董事长汪超群。

名片

汪超群　　　　1979年11月　　　　男

浏阳市超悦商贸有限公司（运营拉古芭母婴连锁）董事长

原班级专业：普通师范教育专业952班　　学制：三年

在校学习时间：1995年9月—1998年7月

校友寄语

我是一名中专生，但我从来没有后悔上中专，我觉得中专能让我们更早地踏入社会，更快地成熟。

我很看好未来的职业教育，对于大部分孩子来说，职校绝对是最好的选择。

我希望母校越办越好，让学生们能够更好地掌握职业技能，为社会和企业提供人才。

也希望师弟师妹们好好学习，快速地在社会上找到自己的定位。

在偶然中实现必然

从没想过自己好好地做着老师，居然因为爱人2008年怀孕想买好一点的母婴用品，然后就提议开母婴店，2009年3月还真说干就干了！

最初，只希望开个店除了满足自家需求，再挣个一两万元补贴家用就够了。

这一年，汪超群白天在学校上班，放学后有时间就去店里帮忙，装车或送货等。每逢学校放假，汪超群就带着爱人一起去株洲服装批发市场进服装、喂养用品等商品。他经常凌晨3点起床，与镇上的店老板们一起挤货车去株洲，到了株洲就一家一家批发铺面去看货、选货、进货，然后再把货搬到车上去。一天下来，为了找到顾客喜欢的商品，汪超群经常要跑遍整个株洲芦淞服装大市场，饿了就在路边吃快餐，累了就随便找个地方坐一下，等镇上老板进货都差不多了再统一回去，这时候经常是晚上八九点了。汪超群还要连夜把价格都标好，以便顾客第二天就能看到店里新进的货品。每次进货回来，汪超群都要忙到凌晨两三点。

那段日子回想起来实在太辛苦，现实很残酷，苦也就算了，关键是到了年底，做生意借出去的钱没还回来，汪超群两口子在学校教书挣的工资全亏进去了。不过，汪超群坚持下来了。

第二年汪超群调整了经营方式，不断变着花样策划活动，吸引顾客，不停到周边生意做得好的母婴店虚心学习、寻求联盟，引进了当时非常火的合生元奶粉，还不断下乡和乡镇卫生保健院发活动海报等开发宝妈。

社港店的生意就这样慢慢做起来了。

初尝创业成功的滋味，2011年3月，汪超群带着创业的激情和憧憬，跑到平江县安定镇开了第二家店。

2012年同学梁春红看汪超群干得不错，邀请他到浏阳楼古街道开店，开启了合伙制经营的模式，也开启了汪超群经营的新篇章。迄今为止，拉古芭门店绝大部分都是这种模式。

2014年，汪超群希望用连锁的知名母婴品牌来武装自己，因此加盟了优康宝贝。2016年，优康宝贝调整结构需要收购汪超群的股份，经过反复权衡利弊，最后汪超群创立自己的母婴品牌——拉古芭！

无数的偶然、无数种不同的结局，有时候你不得不相信天道酬勤，不得不相信坚持就是胜利！

坚持做最好的自己

汪超群是在"三鹿奶粉事件"后正逢母婴发展的风口进入母婴行业的，那是一个做母婴产品很容易挣钱的时代。但汪超群知道，生意不可能永远这么好做，不抓住机会做大做强，当行业成熟了就只有"等死"了。

现在回头看，汪超群发现，他已经超越了无数的竞争对手，曾经的母婴巨无霸们没那么可怕，坚持做最好的自己真的很重要！

⛵ 成就别人才能成就自己

这么多年来,汪超群坚信,团结才是力量。没有完美的个人,只有完美的团队。

拉古芭从2012年开始采用员工股份制,一直沿用到现在。汪超群不断地完善股份制度,让它更好更健康地发展。公司现有合伙人近300人,这300人都在公司投了钱、入了股,也享受拉古芭的分红。

大家都把拉古芭当作自己的家一样来呵护。

拉古芭的成功,是模式的成功,拉古芭真正把每一名员工变成了主人,让员工与企业一起成长,让员工看到希望,将员工的利益与企业的命运紧紧联系在一起,真正应验了"成就别人才能成就自己"。

雷锋日记

一个人,只有当他把自己和集体事业融合在一起的时候才能最有力量。

——1959年10月25日

案例点评

幼吾幼以及人之幼。投身母婴事业能真正成功者,必有大爱情怀。

鲲鹏展翅,志在千里

导读

从中师生,到博士研究生。

从乡村教师,到教育部全国中小学领航名校长。

他把挑战当成乐趣,一次次超越自己。

一路走来一路歌。

他是和自己赛跑的人,为了更好的未来拼命努力。

他在争取一种意义非凡的胜利,永不停歇。

"鲲鹏展翅,志在千里",他是左鹏。

名片

左 鹏　　1982年7月　　男

北京市十一学校教师

原班级专业:普通师范教育专业972班　　学制:三年

在校学习时间:1997年9月—2000年7月

校友寄语

依靠学习走向未来。学习是一个人成长的动力之源,唯有坚持学习,才能走得更远,飞得更高。

用心工作成就事业。工作有多用心,事业就会有多大成就,唯有用心才能忘我、超我、无我。

健康生活点亮美好人生。健康生活能让生命之树常青,健康生活能让人生更加幸福。

⛵ 青春以农村学生为伴　梦想为振兴教育而生

左鹏，博士研究生，中小学英语高级教师，湖南省特级教师，现任职于北京市海淀区十一学校。

左鹏始终怀揣着振兴祖国农村教育的坚定信念，为了教育的理想而奔跑，为了教育的梦想而奋斗，从中师生成为博士研究生，从一位乡村青年教师成为教育部全国中小学领航名校长，他不断地向着教育实践前沿行走，向着教育理论高峰攀登，向着梦想迈进。

左鹏担任中小学校长期间，始终秉持"规划引领、依法治校、协同共治和科学善治"的现代学校治理理念，办好了浏阳市大圣中学、浏阳市浏阳河小学、长沙高新区明德麓谷学校（小学部）、长沙高新区明德明华小学、长沙高新区麓谷小学五所城乡学校，得到了师生、家长和人民群众的一致好评。

左鹏带领学校教师开展创造性工作，在《中国教育报》等报纸杂志发表学术文章20多篇，在国家基础教育界产生了一定的影响力。22年来，左鹏一直坚守中小学教学一线，探索"四生"课堂教学改革，课堂深受学生喜欢，教学成果优异，教研成果丰硕，其教研成果曾获得湖南省第五届基础教育成果特等奖。2022年1月，左鹏作为创新人才引进到北京市海淀区十一学校工作。

⛵ 锤炼高尚师德品行，争当"四有"教师标兵

·政治信念坚定。左鹏始终坚定共产主义信仰，坚决拥护党的领导，践行习近平新时代中国特色社会主义思想，努力做新时代"四有"好教师和"四个引路人"。全身心投入教育事业，努力上好每一堂课，全心全意办好每一所学校。2016年6月被长沙市教育局授予"长沙市教育系统优秀共产党员"称号。

·道德情操高尚。在教育岗位上，左鹏始终坚持依法治校，廉洁从教，为人师表。2013年9月被长沙市教育局授予"长沙市师德标兵"称号，2020年7月被市文明委评为"长沙好人·身边雷锋"人物。

·理想追求崇高。2020年4月《中国教师报》"教育家专栏"以专版《左鹏：

为理想学校而奔跑》，2020年12月《中国教育报》"中国好校长专栏"以专版《左鹏：在建设研创型学校中成长》分别报道了左鹏的教育思想和办学事迹。

·怀有仁爱之心。2000—2010年，左鹏坚守浏阳市边远山区学校——大圣中学工作了10年，每年都会从自己的工资中拿出一部分帮助一些贫困学生交学费、生活费等。为了帮助山区贫困学生提高学习成绩，他和老师们把自己的宿舍腾出来，让家远的山里学生在校寄宿，早、晚为他们义务辅导，每天晚上为这些孩子盖被子是经常的事。课堂上左鹏坚持进行"兴趣教学法"改革。功夫不负有心人，通过10年的努力，左鹏和老师们一起彻底改变了这所落后的山区学校，教学质量一跃名列全市前茅。

在抗击新冠肺炎疫情期间，左鹏带领老师们以学生发展为本，站在儿童的角度创造性开展防疫工作，编写和录制了全国第一首儿童抗疫歌曲《我多想快长大》和第一本原创手绘儿童防疫口袋书《小鹿新冠肺炎防疫指南》，《新湖南》《红网》、湖南卫视等新闻媒体对学校的这些创新教育实践成果进行了典型推介，教育部小学校长培训中心将他们的成果刊载到了官网上。左鹏撰写的《构建"三位一体"疫区儿童心理弹性支持系统》在《江苏教育》2020年第4期发表。

·具有扎实学识。左鹏始终树立终身学习信念，2005年教育管理硕士毕业后，2008年考入湖南师范大学教育科学学院攻读教育博士学位，主要研究课程与教学。2018年7月，左鹏代表中国大陆校长参加了"两岸中小学校长交流十周年纪念高峰论坛"学术活动，并为台湾省中小学校长做了《集团化办学管理协调研究——以明德麓谷学校为例》典型经验介绍，赢得了台湾省300多位校长的高度赞扬。2018年11月，左鹏入选教育部中小学全国名校长海外（俄罗斯）教育考察团，赴俄罗斯莫斯科列宁格勒国立师范大学和圣彼得堡国立师范大学进行海外进修和教育考察。回国后，他代表考察团撰写了4万多字的心得体会——《新时期俄罗斯中小学校发展现状考察报告》，得到了教育部领导们的肯定。

苦练教育教学教研内功，争当立德树人模范

22年如一日，左鹏一直坚守中小学课堂，从农村到城市，有着丰富的教学履历。他一直秉持课堂是立德树人中心的理念，始终扎根课堂，研究课堂，追寻理想课堂，逐步形成了"四生课堂"教学主张，大致分为三个阶段：

（1）探索"兴趣教学法"。左鹏采取了三个策略：一是课堂上我即英语，让英语通过老师的激情演绎活起来，让学生领略到英语语言的语音、语形和语义的魅力；二是持续不断地创造机会给学生带去学习的成就感，引导学生从怕学走向自信地学；三是通过游戏活动和任务驱动，激发学生用英语去做事，寓教于乐，寓学于用。实践证明，英语课堂"兴趣教学法"对于提升农村初中学生的中考成绩有很好的促进作用，左鹏接手的英语学科"落后班级"，最后都成了学生最喜欢上英语课的班级。

（2）探索"三生"课堂。从2013年9月在明德麓谷学校任教一年级英语起，左鹏开始探索开展"三生"英语课堂教学改革试验，构建生命化、生活化和生态化的课堂，三年摸索取得了初步成果。2015年5月，他指导明德麓谷学校许世群老师以"三生"课堂教学理念设计的教学课例《Today is Halloween》，参加第九届全国小学英语教师现场教学基本功大赛，荣获全国一等奖和最佳板书设计奖。

（3）鲜明"四生"课堂主张。2016年8月，左鹏到高新区城乡接合部创建新明华小学。新时代学生核心素养培养成为当下课程与教学改革的焦点。在博士生导师张传燧教授的指导下，左鹏申报了湖南省教育科学规划"十三五"重点资助课题《基于小学生核心素养培养的"四生课堂"教学模式研究》，通过理论思辨和实证研究，左鹏提出了指向小学生核心素养培养的"四生课堂"教学观点，建构了"双向五维五环节"的课堂教学模式，其课堂教学研究成果分别在《湖南第一师范学院学报》《当代教师教育》上发表，并在全国第六届基础教育改革与发展论坛上做典型经验推介。

在锻炼、提升自己的同时，左鹏不忘帮助青年教师成长。他经常为校内外青年教师上示范课，指导青年教师开展课题研究，撰写科研论文等。所指导的青年英语教师许世群、陈娟参加全国和湖南省小学英语教师赛课均获得一等奖，带领明德麓谷学校英语组获得了"长沙市优秀小学英语教研组"称号。

规划引领民主管理，振兴五所城乡学校

左鹏带着对教育深深的热爱，行走在校园里，探索在办学之路上，努力办好组织交给他的每所学校。在不断的实践探索和理论学习中，左鹏逐渐形成了自己的管理理念：规划引领、依法治校、协同共治和科学善治的现代学校治理理念，办好了五所不同特质的城乡学校。

在中小学教育教学和校长工作岗位上，左鹏逐渐产生了一定的辐射引领作用，2019年9月被评为"长沙市中小学名校长"。2019年9月开始，左鹏主持了"教育部中小学名校长领航工程左鹏校长工作室"。工作室成立一年来，左鹏用心帮助工作室成员提升校长专业能力，引领他们做专业型和事业型校长，工作室很多校长的管理能力有了明显提升。同时工作室还开展了对四川凉山西昌第四小学的教育精准帮扶，对南疆中青年骨干校长的培训帮扶，对省内薄弱学校的诊断帮扶等工作，成效突出。

2014年以来，左鹏为湖南省、广东省、重庆市、江西省、辽宁省、江苏省等省的校长和教师做《做幸福的事业型中小学校长》《现代治理视野下的校长领

导力提升》等专题讲座近100场次，为娄底双峰县、株洲攸县、衡阳县、平江县等省内20多个县的农村中小学送教送研和学校诊断20多场次，专题讲座和经验介绍得到了省内外校长们的高度评价。湖南省教育厅多次授予他"国培计划""省培计划"优秀培训者等称号。

雷锋日记

　　钉子有两个长处：一个是挤劲，一个是钻劲。

——1961年10月19日

案例点评

　　左鹏中师毕业后，边工作边学习，最终取得博士学位，从乡村教师到教育部全国中小学领航名校长，生动诠释了"钉子精神"。这种锲而不舍、锐意进取的精神理应受到人们的推崇。向每一位为了教育的理想而奔跑的人致敬。

一名退役军人的『破圈行动』

导读

他是一名退役军人。

他是一名党员。

他还是一位帮助农民将"养在深闺人未识"的农产品"嫁"出去的媒人。

他也是中国电商讲师大赛的红人。

当一个人具有军人的体魄、党员的修养、商人的头脑、讲师的口才，他还有什么理由不成功？

请看，从大学生到"首都卫士"，再到电商大咖的沈康。

名片

沈 康　　1982年10月　　男

湖南兔喜网络科技有限公司总经理

湖南一一农特科技有限公司总经理

湖南兵哥甄选农特科技有限公司总经理

原班级专业：电子商务技术专业T1907班　　学制：三年

在校学习时间：2019年9月—2022年7月

校友寄语

传承雷锋精神，抓住新时代新机遇，脚踏实地，不负韶华！

"我是一名退役军人,也是一名党员。我愿意献身于退役军人创业和乡村振兴事业。"2018年,在北京参加第三届中国电商讲师大赛荣获全国总决赛三等奖的沈康,接受媒体采访时这样说道。

2019年,沈康更上一层楼——获"莆田工匠杯"第四届中国电商讲师大赛全国总决赛冠军。

"80后"的沈康是宁乡人,经历了完美"破圈":曾是一名光荣的"首都卫士",现在是社区电商创业者。

让沈康引以为豪的是,通过近十年的努力,从开始的一个人、一家店,到现在带领退役军人创业团队,打通了城乡农特产品供应链,直接和间接带动500余人就业,其中包含农村青年、退役军人、大学生、残疾人等。

沈康成了连接农民、大学生、退役军人的桥梁。现在,他正带领退役军人、在校大学生团队积极践行乡村振兴战略。

🛥 两次创业,把"市场"吃透

2002年,沈康作为大学生应征入伍。经过部队的磨砺,他成长为一名优秀的战士,曾多次获得荣誉和奖章。

2008年,退役的沈康在一家事业单位上班。长期深入全省各个水库库区的他发现,尽管交通不便,但大山深处的"奇珍异宝"却不少:新鲜瓜果和蔬菜、干菜、腌菜等"藏在深闺人未知"。

这是沈康和农副产品的第一次结缘,也是后来他从事农副产品"优选"的底气。

后来,看到了物流重要性的沈康选择到一家快递公司工作。虽然又苦又累,工作时间很长,但是他从未抱怨过。经过一段时间的工作之后,他发现了问题:虽然快递包裹很多,但是人手少,工作效率低。

身为退役军人的沈康,身上自然有军人不服输、敢挑战的精神。他开始学习研究,向他人请教,终于在2012年成功创办了长沙第一家快递服务点,改变了以往的工作模式,大大提高了工作效率。

创办快递服务点后，沈康并没有停下脚步。

2014—2018年，沈康又分别创建了湖南——农特科技有限公司和湖南——社区服务有限公司（e社区），整合了长沙乃至全国首家社区服务+便利店6S模式，2014年独创了长沙及全国第一个社区微信团购群，从此开启了长沙社区社群火爆引领全国的先河。

在刚建群的第一个月，e社区的销售额就已达到40万元，这样的成绩更加坚定了沈康创业奋斗的信心和决心。据不完全统计，e社区成立以来共帮助全省各贫困县销售农产品累计达1.5亿元。

两次成功创业，离不开艰辛的付出，更离不开沈康对市场、货源、物流三个环节的精准把控。

"做销售没有市场意识不行，以市场为导向，以销促产是创业者应该遵循的第一条'军规'。"沈康说。

全国"寻宝"，为农民代言

一直以来，沈康致力于成为农特产品渠道服务商，陆续将宁乡众多特色农产品带到长沙300多个线下社区店和线上团购平台，产品主要包括：宁乡花猪肉、沙田包子、沩山豆腐、五里堆香干等。

2019年6月，沈康得知家乡巷子口镇的黄桃滞销，他看在眼里，急在心上。他结合自身创业社区线下营销特点和全国线上平台优势，不遗余力将家乡黄桃推向全国各大电商平台和销售渠道，共销售黄桃达30余吨，有力地宣传推介了巷子口"黄鹤黄桃"等黄桃品牌。

沈康还通过外出授课，宣传推介家乡和家乡的农产品。

2019年，沈康参加了由国家商务部中国国际电子商务中心、联合国教科文组织教育与培训中心、教育部高等学校电子商务专业类教学指导委员会联合主办的第四届中国电商讲师大赛。

经过遴选、初选、培训、初赛、培训、决赛六个阶段，历时2个月的激烈角逐，沈康一路过关斩将，作为华中赛区冠军晋级全国决赛，最终代表湖南摘得全国总冠军桂冠。

现在，沈康带领退役军人、在校大学生团队，正寻求运用新媒体+社区新渠道团购探索乡村振兴新引擎。

按照计划，接下来沈康团队将陆续把全国56个民族的特色食品、农产品，以短视频、直播的形式，带给千千万万用户。

沈康想到的还不止这些，他还想带动行业发展、帮助更多的人。

2020年，作为基层代表参加湖南省委召开的相关会议时，沈康提出扶持"便利店+农产品"、支持"便利店+电商"、探索"便利店+党建"等建议，他说"希望通过创新模式，助力更多农产品进社区，让便利店成为政府、社区和群众之间的桥梁"。

所谓十年磨一剑，一直在努力的沈康，如今浑身仍闪耀着理想主义的光芒。

他心底埋藏着一个梦想，那就是："成为万千个乡村振兴的实践者和创作者之一，同国家和民族同呼吸共命运。"

雷锋诗歌

困难只能欺侮那些不能吃苦的人，困难害怕那些吃苦耐劳的战士；困难只能欺侮那些胆小鬼，困难害怕顽强进攻的战士。

——1961年

案例点评

沈康用军人不服输、敢挑战的精神，在创业路上屡败屡战，打通了城乡农产品供应链，在乡村振兴道路上，奉献了青春的力量。

为理想而奋斗是最有意义的人生

导读

理想是石，敲出星星之火；

理想是火，点燃熄灭的灯。

有理想之人，定能以非凡之勇气，得非凡之成功。

她，在工作七年后重新参加高考，成功考上长沙职业技术学院；

她，又通过专升本，考进长沙学院财务管理专业；

她，毕业后，又考进了株洲市渌口区市场监督管理局。

她，就是努力拼搏、永不放弃的姚文华。

名片

姚文华   1987年1月   女

株洲市渌口区市场监督管理局河西市场监督管理所办公室主任

原班级专业：会计电算化专业1401班   学制：三年

在校学习时间：2014年9月—2017年7月

校友寄语

希望学弟学妹们响应习近平总书记的号召，做一个树立远大理想、热爱伟大祖国、担当时代责任、练就过硬本领、勇于砥砺奋斗、锤炼品德修为的新时代积极生活、努力工作的奋斗青年！

感谢母校的用心栽培和温暖的关怀，希望母校发展得越来越好！

⛵ 家庭贫困，无缘大学

2007年，姚文华高中毕业，当时的高考成绩是514分，可以上一所三本院校，但是由于学费太贵，家里负担不起。当时姚文华的姐姐在上大二，妹妹上高一，弟弟上初二。父母都是普通农民，负担非常重。姚文华坦然接受了不再继续上学的事实。

家里把姚文华安排在一个亲戚家的化妆品店里。姚文华努力忘却自己的大学梦，积极努力工作，和爸妈一起供养家庭，减轻他们的负担。在化妆品店工作期间，姚文华获得了"年度优秀员工"，也陆续升职了几次。

姚文华始终有个大学梦深深地埋藏在心底。工作第二年有点积蓄，她就有过重新参加高考的想法。但是，自尊心强的姚文华怕到大学后，同学们会以异样的眼光看待她，会在背后议论纷纷，一想到这个场景，姚文华就一直没能迈出行动的第一步。

⛵ 重燃理想，结缘母校

理想就这样一年一年被搁置下来。直到27岁那一年，姚文华想着在30岁之前一定要完成自己的理想。现在行动，30岁正好毕业。

自己有坚定的想法，也有外力的助推。有一天，在下班的公交车上，姚文华遇到了她的两个高中老师，他们对姚文华的情况很了解，也对姚文华的情况感到很惋惜，并极力鼓励她重新参加高考，不要放弃自己的理想。

两位老师的热心鼓励再一次坚定了姚文华要上大学的决心。

姚文华很快辞了职，报名参加第二年的高考。

安顿好手中的所有事情后，姚文华和高中老师取得联系，准备回高中复习一段时间。工作七年后，再重新回到教室，重新捡起书本，想要跟上老师的复习进度是很难的。上了一个星期的课后，姚文华决定根据自己的特殊情况，从最基础的知识着手，一步一个脚印去重新温习那些既熟悉又陌生的知识点。备考期间,高三的班主任也给予了姚文华及时的关心与鼓励。姚文华全力以赴地积极备考,最终和长沙职业技术学院结下了不解之缘。

通过努力,改变命运

得知自己被录取的时候,姚文华非常高兴。这意味着,她真的要开始属于自己的大学生活了。

军训期间,辅导员李石安老师在一旁观察,把同学们的一言一行都看在眼里。由于姚文华比她的同学显得成熟稳重一些,李老师鼓励姚文华参加班干部竞选。姚文华试着问李老师是否知道自己的情况,李老师说,他都知道,让她放心学习就行。

本就害怕被嘲笑,所以拖延了那么多年才来上学,姚文华对自己比同学大了七八岁这件事很敏感。从李老师那里,姚文华感受到了被理解与支持。之后的三年大学生活里,姚文华深深感受到李石安老师如恩师如慈父般的关爱。

老师们的帮助大大增强了姚文华大学生活的幸福感,这里有专业又负责的欧阳玉辉老师,也有和蔼又亲切的杨玉荣老师,还有幽默又睿智的郭玉祥老师。

知道姚文华的情况后,姚文华的同学并没有嘲笑她,反而很佩服姚文华的勇气,并且非常信任姚文华,经常会和姚文华说说他们的心事。姚文华收获了珍贵的友谊。直到现在,姚文华和当年的室友关系还很亲密。

在努力学习专业知识的同时,姚文华积极参加学校组织的各项活动,如校园征文比赛、课堂笔记展览、大学生校园辩论赛、校运会、摄影大赛、志愿者活动等。在团委周焱老师的推荐下,姚文华还参加了第一届"雷锋式职业人"与辽宁抚顺职业技术学院的校际交流活动。

通过这些丰富多彩的活动,姚文华收获的不仅仅是荣誉,更重要的是培养了自信心,树立了正确的人生观与价值观,这对她日后的学习和工作起到了巨大的促进作用。

之后,通过专升本考试,姚文华考进长沙学院财务管理专业,带着在长职培养出来的自信,姚文华在长沙学院依旧名列前茅、表现突出。

不懈奋斗，终于圆梦

本科毕业后，姚文华选择从事教培行业。通过自我分析，姚文华觉得自己更适合从事社会治理与服务方面的工作。于是她刻苦学习、努力拼搏，认真备考了3个月，终于考进了株洲市渌口区市场监督管理局。单位人性化的关怀、和谐友爱的同事关系，让姚文华觉得自己的一切努力都没有白费。

为自己的理想不懈奋斗，并且最终圆梦，是人生非常有意义的事！

雷锋诗歌

愿你做暴风雨中的松柏，不愿你做温室中的弱苗。

——1960年1月18日

案例点评

姚文华愿意与命运斗争，愿意为理想而奋斗，愿意与命运抗争。星光终将不负赶路之人。

心中有梦想，脚下才会有力量

导读

"时代的考题已经列出，我们的答卷正在写就。"
艰辛、考验和挑战，挡不了对梦想的追求和渴望。
比起点更重要的是点亮未来。
创业者，永远在路上！
她是曾仕萍，湖南金色卡通幼教集团总经理。

名片

曾仕萍　　　1986年8月　　　女

湖南金色卡通幼教集团总经理

原班级专业：特殊教育专业0501班　　学制：三年

在校学习时间：2005年9月—2008年7月

校友寄语

无论创业还是就业，都要对自己的职业或者事业有一份深深的热爱。同时，要有持之以恒的坚守精神！

当下越来越多的大学生通过创业来实现梦想。创业，虽然只有简单的两个字，但这两个字里，饱含着异常的艰辛、严峻的挑战、闪光的智慧和坚定的信念。

实践证明，每一个创业者的春天，都是一座里程碑；每一段奋斗的征程，都是在为追梦蓄力。对于一个创业者来说，梦想比起点更重要！

萌发了创业的想法

曾仕萍，出生在湖南省益阳市桃江县一个普通工人家庭，父母在她小学五年级的时候双双下岗，迫于生计来到长沙经商。

大部分的父母都觉得女孩子长大后，应该找一份稳定的工作，但是她的父母从小就鼓励她，长大后要自己创业，创业再苦也比打工强。

2008年7月，曾仕萍毕业于长沙职业技术学院，由于大学期间一直在培训机构做些兼职工作，她毕业以后顺利地在培训学校找到了一份工作。通过一年的付出和努力，曾仕萍得到了老板的赏识，月薪也涨到了近万元。

在培训学校工作，曾仕萍的主要任务是承接幼儿园的特色课，当时接触最多的就是幼儿园，她认为幼儿教育是个不错的行业，每天面对的是天真的孩子和亲切的老师，于是萌发了创业的想法。

为自己的创业梦想拼搏

经过一番考虑，曾仕萍毅然放弃了当时优厚的待遇和广阔的发展空间，决定创业，开办属于自己的幼儿园。

很多朋友觉得曾仕萍当时选择离职真的太可惜了，但是她一点也不后悔，她觉得能为自己的创业梦想拼搏一把，是很值得的。

于是，没有创业经历的她，开办起了自己的第一家幼儿园。

由于没有创业经历，从幼儿园的装修，到组建团队，再到经营幼儿园，一路上走了不少弯路，踩了不少坑。

功夫不负有心人,在不断地努力和坚持下,曾仕萍的第一家幼儿园很快满园,并得到了家长的一致好评。

⛵ 前进的动力来自内心深处的使命感

创业过程有艰辛和困难,但更多的是收获。

在创业的过程中,在不断解决问题的过程中,曾仕萍的眼界变得更加开阔,创业的经历让她真正意识到前进的动力来自内心深处的使命感。

2021年,曾仕萍创办湖南金色卡通幼教集团。该集团现已是湖南本土的幼教先驱品牌,旗下拥有20余家幼儿园,一家早教机构和一家国际化小学,是一家集投资办学、教育研究、师资培训、教育产业于一体的现代化教育集团。

曾仕萍知道,努力不一定会成功,但不努力一定会失败。安于现状就是放

弃自己，只有想到并做到了才叫成功。如果连想都不敢想，那必然不会去做，更何谈成功！

"时代的考题已经列出，我们的答卷正在写就。"

曾仕萍坚信，心中有梦想，脚下才会有力量！

雷锋日记

闪烁着共产主义火花的青春，在火花里不怕燃烧，在水里不会下沉。

——1960年×月×日

案例点评

曾仕萍为心中的梦想，放手一搏。金色卡通幼教集团，是积极进取，迎难而上攀登出来的一座高峰。胜利终将属于这些时代的奋勇者。

用行动来向世界发出声音

导读

他是曲靖市富源县金卫养牛场场长，金卫养牛场创办人，养有种牛、母牛、小牛、夏洛莱牛、西门塔尔牛、三元杂交牛等600余头，利用互联网销售达到年产值140余万元。

他是聋哑人，生活在无声的世界。

可贵的是，他响应党中央的号召，充分发扬身残志坚、力排万难、不甘落后的精神，携手残疾人朋友共踏致富路，互帮奋进奔小康，不为社会添负担，要为家国做贡献！

他用自己勇于追梦的行动，向世界发出声音。

他因此受到习近平总书记和国家领导人的亲切接见。

名片

陆跃兵　　　　1987年11月　　　　男

曲靖市富源县金卫养牛场场长，金卫养牛场创办人

原班级专业：计算机应用技术专业0910班（听障）

学制：三年

在校学习时间：2009年9月—2012年7月

校友寄语

　　我的世界里没有声音，但我坚信，我来到这个世界上一定是有意义的！

　　我要用我自己勇于追梦的行动，来向世界发出声音！

　　愿学弟学妹们都有勇于追梦的信念、敢于拼搏的精神，通过自己的努力，舞出自己的精彩！

陆跃兵，聋人，大专文化水平，云南省富源县人。

2019年5月，陆跃兵被评为"全国自强模范"，非常幸福地受到习近平总书记和国家领导人的亲切接见。

进入新时代，中国特色社会主义思想对残疾人事业发展提出了新要求、指出了新方向。陆跃兵带着残疾人兄弟姐妹，一起脱贫致富奔小康，实现了残疾人过上好日子的梦想。

陆跃兵的养牛致富路

陆跃兵是长沙职业技术学院2012届优秀毕业生，所学的专业是计算机应用技术。通过专业学习，陆跃兵接触了网络，开阔了眼界，从网络上，他了解了许多残疾人创业的故事，渐渐地萌生了创业的念头。

陆跃兵深知自己的处境，一个残疾人想要创业，难度可想而知。但是如果不创业，又能做什么呢？打工吗？哪个单位会要自己？难道历经千辛万苦完成学业后，又要回到原点，回家放牛？

所以陆跃兵不甘心，他想证明自己。就算放牛，他也要放出有知识含量的牛！放牛？对！正巧，父母那时已经在富源县大河镇租地养牛。

陆跃兵开始上网搜索，收集关于养牛方面的知识，关注市场动态，研究不同品种牛的习性，全面系统地学习养牛技术。话说回来，要开办养牛场又谈何容易？养殖技术从学习到实践是一个过程，资金从何而来也是一个问题。

思前想后，此事应慎重！首先得要拜师学艺。

通过在网络上搜集信息，陆跃兵决定到外省实地考察学习。从2012年起，他跑遍了山东、吉林、内蒙古、河南、山西等多地，在养殖场蹲点学习上百次。这期间他常常风餐露宿、忍饥挨饿、起早贪黑，有时甚至被人怀疑是装聋作哑的骗子、小偷，真的是"哑巴吃黄连，有苦说不出"。

欣慰的是，一路上陆跃兵也遇到了许多善良真诚的好人，他们教给他技术和经验。面对这些技术和经验，陆跃兵如饥似渴，光是记满养殖技术、营销知识的笔记本就有十几本，手机上也保存了很多有关养牛的图片，还带回了许多养殖方面的书籍资料，可以说是"求得一身真经回"。

由于父母在大河镇的养牛场经营不善，正面临关闭的窘境。他们在得知陆跃兵要养牛时，一直不同意。于是陆跃兵一边软磨硬泡地开导父母，指出他们养牛场的问题并阐述自己的想法，一边瞒着父母托人贷款，并通过合作开发的方式，从吉林省引进了二十多头新品种母牛，注册了"金卫养牛场"。事已至此，父母知道后觉得与其阻拦，不如放手让陆跃兵搏一搏。于是陆跃兵的父母卖掉了大河镇的养牛场，回到大厦格村。在2013年的春天，陆跃兵在自家土地上建起了一个1000多平方米的"金卫养牛场"。

养牛场建成后，陆跃兵投入全部精力，利用学到的知识和经验，不断探索研究，并且邀请当地畜牧专家现场指导，精心呵护照料他的牛。在当地政府及亲朋好友的帮助下，陆跃兵不断扩大养殖场规模，一年下来，金卫养牛场共计投入资金200余万元，存栏肉牛达到120余头。

在养殖场建立之前，陆跃兵已经有了自己的销售思路，那就是发挥互联网的作用，利用网络平台和此前拜师途中建立的人脉资源进行跨省网络销售。陆跃兵将准备出栏的每一头牛的照片发到网上，详细介绍牛的基本情况，标注参考价格，并留下联系方式，和有意购买者直接在网上交流，洽谈交易。

当年，陆跃兵就把牛卖到了玉溪、昆明、贵阳等地，全年实现网络销售产值100余万元。

带动残疾伙伴们共同奔小康

金卫养牛场获得了成功，这在当地方圆百里内都是一件稀奇事，人们纷纷对陆跃兵竖起了大拇指，投来赞赏的目光。

但陆跃兵并没有骄傲自满，他将赚回来的钱一部分用于还债，一部分继续加大投入，改进养殖技术，扩大养殖规模。他的养牛场现有牛400多头，租种草地2000多亩，全职职工26人，并且多数为残疾人。

目前，养牛场已扩建至占地180余亩，建有牛圈、仓库、储藏窖、饲料加工房等设施，养有种牛、母牛、小牛、夏洛莱牛、西门塔尔牛、三元杂交牛等600

余头，利用互联网销售达到年产值140余万元。

同时，陆跃兵的养牛场收到了良好的市场反馈，需求量大，市场认可度较高，有固定销售渠道，走出了一条产、供、销一条龙的"公司+基地+养殖户"的发展之路，带动了几十名残疾人和村民共同致富。

每天干活之余，陆跃兵的爱好就是看书、上网，书和电脑成了他形影不离的亲密伙伴、良师益友和致富宝库。陆跃兵的养牛技术也达到了一个新的高度：哪头牛生病、那头牛发情，都了然于胸；每头母牛产仔的预产期，他都能算得十分准确，母牛将要产的牛仔是公是母，他也知道，从无差错。

自己创业取得初步成绩后，每有闲暇之时，陆跃兵总是记挂着小时候关心他、同情他、爱护他的父老乡亲以及和他一样的残疾人，陆跃兵总想去看看他们、帮帮他们。

随着养殖规模的不断扩大，陆跃兵招聘了10名和他一样的人在养牛场工作，帮助他们就业。同时试着将养牛场的小牛送给他们养，并免费提供饲料及技术指导，他想带着他们一起脱贫致富奔小康。

每每看到残疾伙伴们因养牛赚到了钱，陆跃兵的心里总会感到无比的自豪和欣慰。

2015年，经富源县残联推荐，陆跃兵被富源县委、县政府评为第三届"富源好人"，誉为"最美农民"。

2017年，陆跃兵被共青团中央、农业部评为"全国农村青年致富带头人"。同年，被共青团曲靖市委评为"青年创业示范户"。

2019年，陆跃兵的养牛场被省残联确定为"云南省残疾人创业就业示范基地"。同年，被人社部、中国残联评为"全国自强模范"。

2020年，陆跃兵被曲靖市委，政府评为"第六届曲靖市道德模范"。

陆跃兵常常想：他的世界里没有声音，但他坚信，他来到这个世界上一定是有意义的！他要用自己勇于追梦的行动，来向世界发出声音！

雷锋日记

人民的困难，就是我的困难。帮助人民克服困难，贡献自己的一点力量，是我应尽的责任。

——1961年9月11日

案例点评

创建养殖场，研究养殖，互联网跨省销售，倾尽全力帮助乡亲奔小康。聋人陆跃兵用行动诠释了"除了听，我们一切都会"，展示的是新时代企业家的责任与担当。

后 记

  双甲子扎根中国大地办教育桃李满天下，百廿载投身各行各业学雷锋学子创辉煌。

  在举国上下喜迎20大、长沙职业技术学院欢庆120年校庆之际，在长职师生和历届校友的支持下，《远航——长沙职业技术学院用雷锋精神兴校育人就业创业典型案例》这部记录长职优秀校友就业创业历程的案例如期出版了！

  本书中记录的36名优秀校友是历届长职毕业生的一个缩影。在校时，学校为他们搭建了办学条件优良、师资力量雄厚、教学理念先进、文体活动丰富、就业渠道畅通、创新教育深入、办学成果丰硕的成才平台，他们聆听老师谆谆教诲、邀游知识海洋、学习技术技能、参与社会实践、追求思想进步，他们积极参与常态化学雷锋、勇于创新、积极实践、乐于奉献；走上工作岗位后，他们主动适应改革洪流，积极投身社会主义建设，这些优秀校友有些服务于国有企事业单位、有些服务于民营企业、有些自主创业，他们有些是一线工人、有些从事管理工作、有些从事服务工作，无论从事任何工作，他们都继续做雷锋职业精神的传承者和执行者，立足岗位学雷锋、弘扬现代工匠精神，在各行各业大显身手，为经济发展和社会服务贡献自己的聪明才智，他们无疑是成功的，但成功的背后一定凝聚了艰辛的汗水，一定得益于"雷锋精神"的强大力量。

  这部精心编撰、图文并茂的案例，用朴实的语言、纪实的手法，从不同的视角，记录了长职优秀校友在雷锋精神的激励下，立足工作岗位创新改革做贡献，立足社区基层为民服务做奉献，在各行各业就业、创业的成功经历。这些优秀校友的亲身经历和实践，为学校的"雷锋精神"研究提供了丰富的素材，也为在校学生的创新创业和就业提供了学习范本。

  思源致远，继往开来。希望本书能给长职莘莘学子以思想的启迪、奋进的激励、成功的指引，让我们一起远航！

长沙职业技术学院
高鸿
2022年7月